HARALD SEUBERT

KRIEG UND FRIEDEN – UND DARÜBER HINAUS

Auf dem Weg zum Großen Frieden

CIP-Titelaufnahme der Deutschen Bibliothek:

Seubert, Harald
Krieg und Frieden – und darüber hinaus
Reihe: *Auf dem Weg zum Großen Frieden* im VERLAG ANDREAS MASCHA; München 2014; ISBN: 978-3-924404-56-7

1. Auflage 2014

© Verlag Andreas Mascha
   Denninger Str. 208, D-81927 München
   Verlag@AndreasMascha.de

Coverdesign: Andreas Mascha

Druck: Miraprint, Gauting

Printed in Germany – Alle Rechte vorbehalten

ISBN: 978-3-924404-56-7

INHALTSVERZEICHNIS 1

VORWORT DES HERAUSGEBERS 5

ERSTES KAPITEL: PRÄLIMINARIEN 6

Vorbemerkung 6

Chronotopos (I) 7

Der Krieg – Der Vater aller Dinge?
Heraklits Lehre 11

ZWEITES KAPITEL: ZU EINER PHÄNO-
MENOLOGIE VON KRIEG UND FRIEDEN 15

Sichtbarkeit – Unsichtbarkeit: Die Doppel-
deutigkeit des Krieges 15

Der Antagonismus von Krieg und Frieden 17

DRITTES KAPITEL: DIE WANDLUNG
DES KRIEGES UND DIE SUCHE NACH
FRIEDEN 20

Jupiter- janusköpfig: Vom gehegten Krieg 20

Über die Hegung hinaus – Kants Lehre vom ‚ewigen Frieden' und Clausewitz' Tektonik der ‚ultima ratio regis'................................26

Macht und Gewalt: Die Grunddifferenz...............50

Globalität und ‚Low intensity wars'......................59

VIERTES KAPITEL: RÜCKBLICKE..................62

Die antike Konzeption einer Unvermeidbarkeit des Krieges und der eschatologische Traum vom ewigen Frieden..62

Frieden im mittelalterlichen Ordo: Konstellationen des Mittelalters............................90

Völkerrecht und Menschenrechte – Frühneuzeitliche Kriegsächtung im Zeichen des Kolonialismus...98

Das neue Gesicht des Krieges im Zeitalter der Revolutionen: Hegel gegen Kant Kratik gegen Politik..121

Krieg und Frieden im Schatten der Ideologie: Nietzsche, Marx, Burckhardt................................129

FÜNFTES KAPITEL: KRIEG IM 20. JAHRHUNDERT ... 136

Linien und Strukturen ... 136

Denker des Nuklearen im totalitären Zeitalter: Raymond Aron par exemple ... 145

SECHSTES KAPITEL: ALS DER EISERNE VORHANG AUFGING – KRIEG UND FRIEDEN IN DER PERSPEKTIVE DES 21. JAHRHUNDERTS ... 173

SIEBTES KAPITEL: UM EINEN GROSSEN FRIEDEN VON INNEN BITTEND: JENSEITS DES ANTAGONISMUS ... 196

Die Aktualität der alteuropäischen Visionen ... 196

Über die Unzulänglichkeit der Friedensstiftungen – Eine negative Typologie ... 203

ACHTES KAPITEL: DER GROSSE FRIEDE – EINE RICHTUNG ... 215

CODA: DER GROSSE FRIEDE – KEINE UTOPIE. CHRONOTOPOS (II) 226

LITERATUR 229

LITERATURHINWEIS 231

VORWORT DES HERAUSGEBERS

Wer nach einem realistischen Weg hin zu einem *Großen Frieden* sucht, tut gut daran, neben dem Wesen des Friedens, auch das des Krieges, sowie seiner Erscheinungsformen in der Menschheitsgeschichte zu kennen.

Letztlich wohnt die Sehnsucht nach dem *Großen Frieden* zwar allen Herzen inne, doch dieses hohe Ideal und dieser implizite Ordnungs-Telos fordern auch ein *Großes Bewusstsein* und „Bewusstes Leben" (Dieter Henrich), das zu dieser nicht-dualistischen und schöpferischen *Großen Harmonie* aufzusteigen vermag.

Diese spannungsreiche Zusammenfügung des Entgegengesetzten zu einem Ganzen (griech. *harmonia*) ist die große Herausforderung für den Menschen *auf dem Weg zum Großen Frieden* und dort hat auch die Weisheit des Kämpferischen (*pólemos*) seinen Platz.

In diesem ersten Band der Reihe *Auf dem Weg zum Großen Frieden* wählt Harald Seubert vor allem eine ideen- und menschheitsgeschichtliche Perspektive für seine politische Philosophie von Krieg und Frieden und öffnet so den Blick auf das Darüber-Hinaus – auf die Vision eines *Großen Friedens*.

Weitere Infos zur Buchreihe sowie zu weiteren Titeln von Prof. Dr. Harald Seubert im Verlag Andreas Mascha unter: www.AndreasMascha.de/Verlag/Auf-dem-Weg-zum-Grossen-Frieden.html

Andreas Mascha im Sommer 2014

ERSTES KAPITEL: PRÄLIMINARIEN

Vorbemerkung

Im Sommersemester 2011 widmete ich eine ganze Vorlesung an der Münchener Hochschule für Politik der Frage von Krieg und Frieden, mit der Zielsetzung, eine Realität philosophisch zu reflektieren, die die Weltgeschichte wie keine zweite prägt. Die Beschäftigung mit diesem großen Thema geht an das Ende des Ost-West-Konflikts zurück, zu Reflexionen der Logik der Abschreckung und der Neuen Welt-Unordnung, die ich Anfang der neunziger Jahre anzustellen begonnen habe. Die Frage nach dem Frieden habe ich dabei nicht gleichgewichtig behandelt. Im frühen 21. Jahrhundert ist aber alles zuerst an einem Frieden gelegen, der groß und umfassend genug ist, um seine Störungen aufzunehmen. Natürlich ist das Thema zu groß für eine solche Skizze, aber auch für ein Menschenleben. Deshalb belasse ich es beim Essay. Manches wird im Detail in meiner Politischen Philosophie, die ich Ende des Jahres 2014 veröffentlichen möchte, detaillierter und in den Kontext gestellt, entfaltet werden.

Es versteht sich, dass die Zielperspektive jenes ‚Großen Friedens' nur mit dünnem Silberstift umrissen werden kann. Dennoch kommt es gerade auf sie an.

Ich verzichte, dem Skizzencharakter geschuldet, auf einen Anmerkungsapparat, nenne aber im Literaturverzeichnis einige Titel, die mir in der Beschäftigung mit dem Thema besonders wichtig geworden sind.

Vor allem danke ich meinem Freund Andreas Mascha, dass er diesen Text haben wollte. Und ich danke der

Einen, die mich dazu inspiriert durch ihr Sein, das keinen Kommentar braucht. Dass Liebe Symbol des Großen Friedens ist, hat sie mir als wunderbare Erfahrung geschenkt.

Harald Seubert, Anfang 2014.

Chronotopos (I)

Jena und Auerstedt, die beiden Orte schrieben sich durch die Schlacht am 14. Oktober 1806, während des vierten Koalitionskrieges, in die europäische Geschichte ein, die damals noch Weltgeschichte war. Nichts hätte so kommen müssen, wie es kam. Napoleon ging durch seine nächtlichen Umzingelungen und den raschen Angriff ein hohes Risiko ein. Dennoch zeigte sich im Ergebnis, dass die preußische Linientaktik und die alte Divisionsordnung veraltet waren. Napoleon hatte alles gewagt: Die alteuropäische Gleichgewichtsordnung, für die exemplarisch William Pitt eingestanden war, hatte er nicht anerkannt. Ein neuer Typus von Macht zeigte sich in ihm. Sie bedurfte keiner Begründungen. Preußen hatte darauf mit dem Krieg als ‚ultima ratio regis' reagiert. Doch die einstige Expansionsmacht war müde und alt geworden. Die preußische Armee war auf dem Niveau des Schlesischen Kriegs stehen geblieben. Die großen preußischen Militärs, Gneisenau und Scharnhorst, konnten den Krieg letztlich nur post festum kommentieren.

Die französischen Besatzungstruppen verursachten in der Folgezeit ein ungeheures Chaos. Es traf unter anderem auch Goethe im nahen Weimar. An jenem Abend des 8.

Oktober 1808 rettete ihm Christiane Vulpius das Leben – und von diesem Tag an definierte er ihren gemeinsamen ehelichen Bund. Und der junge Jenenser Privatdozent Hegel gab mitten im Chaos das Manuskript seines ersten großen Werkes, der ‚Phänomenologie des Geistes', zur Post, musste es aber für verloren geben. Es sollte sich wiederfinden. So kam der Weltgeist nicht unter die Räder.

Aus der Niederlage und der Besatzung zog Preußen die Kräfte zum Wiedererstarken. Dies betraf die Armee, mehr noch die Nation als Bildungsstaat. Davon zeugen Fichtes ‚Reden an die deutsche Nation'. Zugleich aber birgt diese Resurrektion schon den Keim eines Nationalismus, der sich im folgenden Jahrhundert schrecklich Bahn brechen sollte. Wenige Jahre später, 1813, wiederum in den Oktobertagen, zeigte sich in der Völkerschlacht von Leipzig das neue Kräfteverhältnis. Der Kriegsgott Napoleon stürzte. Das große Derangement, das seine absolute, nur auf Selbst-Legitimität begründete Macht bedeutet hatte, wurde vorerst zurückgedrängt. Dennoch war eine neue Melodie in der Weltgeschichte angeklungen. Die alte europäische Ordnung sollte sich im Wiener Kongress wieder etablieren. Sie stiftete nicht eigentlich den Frieden, sondern ein Gleichgewicht, das auf den alten Kronen errichtet war. Die Völker, die schon aufbrandeten, wurden durch Zensur niedrig gehalten. Freiheits- und Nationalbewegung gärten im Schatten der Pentarchie der alten Mächte. Der preußische König Friedrich Wilhelm IV. wollte 1848 um keinen Preis die Königskrone „aus der Gosse" entgegennehmen. Das Zwanghafte der alten Ordnung wurde sichtbar. Bismarcks Reichsgründung von oben neutralisierte die nationalliberalen Kräfte, die in ihren territorialen Forderungen alles andere als bescheiden waren. Sie begehrten nicht weniger als ein Reich zwischen den sieben Meeren. Schon für die Zeitgenossen der Schlachten von Jena und Auerstedt war es unübersehbar, dass ein altes Zeitalter endete, eine Zäsur gesetzt war und Neues aufbrach. Die Richtung konnten sie noch nicht erkennen.

Hundert Jahre später bricht jener Nationenkrieg aus, der als „Urkatastrophe des 20. Jahrhunderts" das 20. Jahrhundert bestimmen sollte (G. F. Kennan). Das filigrane Spiel mit den fünf Kugeln war einem starren Bündnissystem gewichen. Am Beginn konnte man noch Anmutungen des Heroischen haben: Kavallerie und klingendes Spiel. Die Materialschlacht und der Einsatz von Giftgas ließen aber bald eine neue Qualität der Destruktion erkennen.

Der ‚Sprung ins Dunkle', die schlafwandlerische Sicherheit, mit der sich die Nationen in den Krieg stürzten, begünstigt von einem Zeitalter der Nervosität, allgemeiner Überreizung, die die nationalen Feindschaften hochtrieb, ließen in diesen Krieg taumeln – vermeintliche Unabwendbarkeit paarte sich damit, dass völlig unterschätzt wurde, was er bedeutete.

Die menschlichen Muster beider Konstellationen kann man, wohl mit Schrecken, im Jahr 2014 wiedererkennen. Die Welt hat sich verändert. Sie ist global geworden. Wir selbst änderten uns kaum. Erstaunlich ist, dass in einem ganz anderen Weltalter, nach zwei entfesselten Totalitarismen und der bipolaren Konfrontation zwischen kommunistischem Osten und kapitalistischem Westen, im Schatten der Atombombe die Strukturen von 1914 von einer geradezu bedrängenden Aktualität sind.

Dagegen ist die Gleichgewichtsordnung, die Napoleon erschütterte, in eine unvordenkliche Ferne abgesunken.
Doch die Welt hat sich in der Tat dramatisch verändert. Die kapitalistische Globalisierung ist unaufhaltsam expandiert. Demokratie und Menschenrechte, und damit der westliche Weg, sind nicht in gleichem Maß unbefragbar. Dies zeigt sich im Nahen Osten, aber auch im konfuzianisch spätkommunistischen und hochkapitalistischen China. Nicht zu verkennen ist, dass, malgré tout, in der westlichen Hemisphäre – und nur in ihr – Kriege unwahrscheinlich, ja unvorstellbar geworden sind. An anderen Weltorten, deren Bedeutung zunimmt, ist dies keineswegs der Fall. Stammeskriege mit erschreckender Vernichtungskraft, der Aufruhr der einstigen Kolonialvölker und der einstigen Sowjetrepubliken flammen immer wieder auf. Das ‚Weltalter des Ausgleichs', von dem Max Scheler am Ausgang des Ersten Weltkriegs träumte, ist bislang seiner Realisierung nicht nahegekommen. Wie soll man sich dazu verhalten: soll man auf den immer gleichen Menschen mit seinem unbelehrbaren Reptiliengehirn verweisen und Kriege resigniert realistisch als *conditio humana* akzeptieren? Soll man lieber aus den Entsetzlichkeiten der Weltgeschichte an imaginäre Gestade flüchten, wo es all dies nicht gibt? Paul Valéry nannte das die ‚mediterrane' Haltung, eine Askese von der Politik. Viel spricht für den Exorzismus der großen Geschichte durch das Glück des Augenblicks. Oder soll man das Hypokritische noch einmal wagen und über den Antagonismus von Krieg und Frieden hinausgreifen?
Gegenüber den großen Linien eines ‚Fortschritts im Bewusstsein der Freiheit', wie sie Hegel zeichnete, ist vielleicht mehr denn je Skepsis angezeigt. Die Unbelehr-

barkeit indizieren die Low intensity wars, die nicht hegbaren Kriege und Konflikte, die die globale Welt durchfurchen. Das Bild von Krieg und Frieden ist im Fluss und vorläufig: Anlass genug, nicht nur dem Antagonismus von Krieg und Frieden nachzugehen, sondern nach den Konturen eines *Großen Friedens* zu fahnden.

Der Krieg – Der Vater aller Dinge? Heraklits Lehre

Der Krieg ist der Vater aller Dinge: Seit dem 19. Jahrhundert wurde das Heraklit-Wort von „humanistischen" Studienräten den Gymnasiasten als humanistische Wegzehrung in den baldigen nächsten Krieg mitgegeben. Dies war im Vorfeld des Ersten Weltkriegs nicht anders als im Vorfeld des zweiten. Das lateinische humanistische Diktum, dass die Künste schweigen, wenn die Waffen reden, wurde dagegen kaum vernehmlich gemurmelt. Heraklit hatte indes nicht *konkrete* Kriege gerechtfertigt. Er hatte vielmehr von einem kosmischen Gesetz gesprochen, dem Grundantagonismus des *Polemos*; und dieses Wort bedeutet ‚Kampf', nicht Krieg. Dahinter aber hatte er das ‚Eine' gesucht, das sich in den Gegensätzen zeige. ‚Hen panta': Eins ist das Alles. Für Heraklit war es die höchste mögliche Klarheit, der die Seele sich nähern sollte. „Der Seele Art ist sich selbst mehrende Klarheit," hatte er gelehrt – und sich selbst dem Logos unterworfen, der zu dieser Klarheit führen sollte. Nicht mich sollt ihr hören, hatte er den Polisbürgern geraten, sondern dem Logos. Es ist ein Logos, der auf die ‚gegenwendige Fügung' zielt – und damit eben auf den Streit (den Polemos). Von ‚palintropos' oder, in einer Variante ‚palintonos harmonia', ist dabei im griechischen Text die Rede; eine Harmonie, die ihr Sinnbild in der Gottheit Apollo hat. Apoll war in den Anfängen seiner Theogenese als Pestgottheit vorgestellt worden. Die Macht seines Pfeiles fürchteten sogar die Götter. Später erfuhr er, durch die Verbindung mit der Insel Delos, eine Entsühnung. Im gleichen Maß wie das triste Eiland zu einem blühenden Ort wurde, wurde Apoll zur Gottheit der Musen. Die Lyra wurde nun sein Sinnbild, die Harmonie seine Aussageform. Doch Harmonie geht nicht aus Monodie und Monotonie hervor. Sie verlangt den Gegenakzent, den Apoll aus seiner eigenen Vergangenheit beziehen konnte: Den Schmerz und Missklang in der äußersten Skalierung des Fremden und Anderen. Dies ist zugleich eine Rückspannung des Schrecklichen auf das Schöne. Dass im Lied das tiefe Leid aufklingen muss, wird auch in späteren Epochen Schönheit und Schmerz aneinander binden. Rilke geht noch weiter – und berührt sich darin wieder mit den frühen griechischen Anfängen: „Das Schöne ist nur des Schrecklichen Anfang".

Heraklit aber zielt, wenn er vom Polemos spricht, primär auf das Verbindende, xynon, das gerade mitten im Streit sei. Der Polemos sei das eigentlich Zusammenhaltende (eonta xynon). „Auseinanderstrebend stimmt es zu ihm selbst zusammen, gegenwendige Fügung wie bei Bogen und Lyra." Es geht also eigentlich gar nicht um einander gegenüberstehende Kräfte, sondern um einander aufs engste koordinierte Zusammenhänge, die sich in unterschiedliche Richtungen entwickeln. Thomas Buchheim hat zu Recht formuliert, „dass es sich bei Heraklit nicht um Gegensätze handelt, sondern um gegenwirksam Beteiligte an einem ursprünglich einheitsbildenden Streit, in dem sie erst das *werden*, wie Heraklit eindeutig sagt, als was sie dann – nur scheinbar jeweils allein – zum Ausschlag kommen und auffällig sind". Die Innigkeit des Streitverhältnisses erweist sich auch darin, dass nach Heraklit jener Streit umso intensiver ist, je weniger er zu bemerken ist. Denn die Physis, die eigentliche Wesensnatur, liebt es sich zu verbergen. Name und Begriff können deshalb nicht zu ihr vordringen.

Dies kann für das Verhältnis der eminenten Feindschaft durchaus fruchtbar gemacht werden. Carl Schmitt hat, damit eine visionäre dichterische Evokation des Dichters Theodor Däubler aufnehmend, davon gesprochen, dass der Feind die eigene Frage als Gestalt sei. In einem solchen Feindlichkeitsverhältnis liegt dann nichts Verächtliches. Es wird sich aber auch als sehr schwierig, wenn nicht unmöglich erweisen, es nicht nur vorübergehend zu bannen, sondern in eine große Harmonie zu bringen. Dies erforderte Befriedung mit sich selbst und einen tieferen Sinn von Freundschaft – und Liebe.

Im Kern ist die Einheit, die Heraklit meint, von den Gegensätzlichkeiten durchdrungen. Der Logos, der sie in sich schließt und sie deshalb auch begreifen kann, ist deshalb ‚logos keraunos': blitzartiger Logos, der das Ganze berührt.

Mit jener kosmologischen Gegenwendigkeit wird das Eine so gedacht, dass der Gegensatz nicht aus ihm ausgeschlossen ist. Der Ausschluss, auch wider besseres Wissen, hatte dagegen das Lehrgedicht des Parmenides bestimmt. Die Göttin zeigt ihm dieses EINS-Sein an dem überhimmlischen Ort, zu dem sie ihn entführt: TO AUTO GAR EINAI TE KEI NOEIN. Denken und Sein sind für

Parmenides das-Selbe. Dies würde auch Heraklit nicht anders sehen. Doch das Sein ist zertrennt und verstreut – und ebenso muss es auch das Denken sein. Dies möchte Parmenides gerade nicht zugeben. Deshalb bannt er das Sein in die Einheit einer Harmonie, die den Gegensatz ausschließt. Er ist nur scheinhaft. Denn die raschen Wechsel von Werden und Vergehen faszinieren die ‚doppelköpfigen Sterblichen'. Wer aber erkennen will, was in Wahrheit und ewiger Beständigkeit ist, muss sich davon lösen. Dass Parmenides selbst dies nicht vermochte und wohl auch nicht wollte, zeigt sich im zweiten Teil seines Lehrgedichtes, wenn er das Sein im Anschein doch buchstabiert – und den Weg anschneidet, den er zunächst ausschließen wollte. Deutlich ist, dass beide Kräfte, Liebe und Hass, die Genesis der Welt ausmachen. Dies wird von Empedokles bestätigt, dem Staatsmann, wenn er Liebe und Zwietracht als die beiden Tönungen versteht, die das Seiende im Ganzen bestimmen.

Nicht ganz zufällig ist es, dass einer der größten Friedensdenker der Menschheit, Sri Aurobindo, in einer Zeit der tiefsten Kriegsverstrickungen, im Ersten Weltkrieg, sich auf Heraklit zurückbesann. Davon wird am Ende unseres Versuchs zu sprechen sein, wenn der *Große Friede* Gestalt gewinnt.

ZWEITES KAPITEL: ZU EINER PHÄNOMENOLOGIE VON KRIEG UND FRIEDEN

Sichtbarkeit – Unsichtbarkeit: Die Doppeldeutigkeit des Krieges

Lew Nikolajewitsch Tolstoi hat in der doppelten Perspektive seines epochalen Romans ‚Krieg und Frieden' die ganze Ambivalenz des Phänomens ausgelotet. Er schildert die großen Planungen und die geometrische Kriegsvorbereitung in den Generalstäben. Dort erscheint das Schlachtfeld als Reissbrett, und der Krieg als eine rationale Planung. Daneben wird die Perspektive des einfachen Soldaten aufgerissen, der sich in einer ungeheuren Kontingenz findet. In Dreck und Blut, unfähig, sich zu orientieren. Von den Massen getrieben, von Sinnlosigkeit und Ermüdung. Daran hat sich bis heute, bis in die Zeit der Low intensity wars nichts geändert. Als man vor gut zwanzig Jahren die Bilder vom ersten Golfkrieg im Fernsehen sah, legte sich der Eindruck eines geometrischen Spiels nahe, in dem geräuschlos und effizient Ziele getroffen werden. Erzeugt wurde die Impression eines minimal invasiven Eingriffs, blutleer, steril und hoch effizient. Einen erschreckenden Kontrast zeigten demgegenüber die Trümmeransichten des zerstörten Bagdad. Die teleologische Sinnperspektive hielt näherer Nachprüfung bei Tageslicht nicht stand.
Kriege bleiben schrecklich. Und sie scheinen zur *Conditio humana* zu gehören, wie Eros und Sterben. Sigmund Freud hat deshalb im Ersten Weltkrieg am Kriegstaumel zeigen können, wie dünn die Membran ist, die die Menschheit von einem Abgrund trennt. Dieser

Trieb zum Tode ist nicht etwa naturwüchsig verursacht. Er steigt wie aus einer Motorik der Selbstzerstörung motiviert in unheimlichen Rhythmen immer wieder auf. ‚Unbehagen in der Kultur' nennt Freud dies, wenn der grässliche Bruder des Eros, der Todestrieb, sich verselbständigt. Zivilisation, wie die Menschheit sie kennt, ist anstrengend. Das Realitätsprinzip durchkreuzt immer wieder das Lustprinzip. Illusionen sollen nicht sein. Verzichte sind gefordert. Dadurch stauen sich Nervositäten, Rancunen, Unbefriedigtheiten auf. Man nannte nicht ohne Grund die Wende vom späten 19. zum 20. Jahrhundert das ‚Zeitalter der Nervosität' (J. Radkau).

Thomas Mann widmete der gärenden Irrationalität die letzten Kapitel seines Romans ‚Der Zauberberg'. In einer unheimlichen Verdichtung und Akzeleration verfällt auch die exterritoriale Stimmung derer ‚dort oben', des ‚melting pot' der Lungenkranken in Davos, den nationalen Stereotypen und dem Geist der Revanche. Der „große Stumpfsinn" geht voraus, eine Neigung, die Geister der jenseitigen Welten zu beschwören, aber auch eine „große Reizbarkeit", in der sich die langen europäischen Schatten verdichten, die sich in der ‚Urkatastrophe des 20. Jahrhunderts' entladen sollten.

Man mag sich, heutigem Usus gemäß, gegen die ‚Essentialisierung' des Todestriebes wehren. Dass Freud damit die Signatur seiner eigenen Zeit virtuos auf den Begriff gebracht hat, lässt sich vielfach zeigen: Florian Illies hat jüngst die verschiedenen Lebenssphären am Vorabend des Krieges wie in einem Gesellschaftsroman zum Leben erweckt. Seine Vivisektion des Jahres *1913 (Der Sommer des Jahrhunderts)* stand viele Monate an der Spitze der Bestseller-Listen; Indiz dafür ist, dass sich auch die Generation ein Jahrhundert später in den ungleich sensitiveren, weniger normierten Gemüts- und Gewissenslagen wiederfinden kann, die um 1900 Europa durchzogen.

Der Antagonismus von Krieg und Frieden

Krieg und Frieden sind zunächst Komplementärbegriffe. Man weiß vom einen nur, weil man das andere kennt. Dies scheint im Gedächtnishaushalt tief verankert zu sein. Es ist eine nicht ganz untriftige Beobachtung, dass gerade welterfahrene Militärs Kriege besonders fürchten. Sie kennen deren destruktives, welt- und selbstvernichtendes Potential. Zivile Führer ohne Erfahrung im Kriege gehen mit den Leben der ihnen Anvertrauten oft leichtfertiger um. Sie lassen sich von der Illusion klinischer Planungen bestimmen. Generationen, die keine Kriege gesehen haben, vergessen wie sie sind. Der Schrecken und das massenhafte Sterben brennen sich in ein Generationengedächtnis ein, so dass es den Friedenszustand sucht und, zumindest wenn das moralische und menschliche Desaster so undurchdringend verheerend geworden ist wie eben am Ausgang des Ersten und des Zweiten Weltkriegs, für eine Generation die Maxime ‚Nie wieder Krieg!' bewahrt. Man denkt an die Pietà-Darstellung der Käthe Kollwitz.
Die Friedensliebe geht zunächst mit Kriegsverdrängung einher. Ich habe in der eigenen Familie solche Verdrängungen erlebt. Immer wieder erzählte mir ein 1899 geborener Verwandter, als er 1917 einen toten Portugiesen gesehen habe. Das kindliche Gesicht, die Schuldlosigkeit. Seine Mainzer Bonhomie veränderte

sich, als er davon sprach, in einen Schrecken, sein rheinischer Katholizismus verdichtete sich in ein ‚De profundis'. Er hatte mir gegenüber nie ausgesprochen, dass er den jungen Mann getötet hatte. Doch im Grunde war dies klar. Wie weit entfernt vom kalten Heroismus der ‚Stahlgewitter' von Ernst Jünger, wie weit aber auch von dem grell sentimentalen Gemälde des Gegenbuches, Remarques ‚Im Westen nichts Neues'.
Wie lange hält der ausweglose Pazifismus vor?
Die Erzählungen der Älteren verblassen allmählich und werden ermüdendes Gemurmel. Die meisten Zeiten in der Weltgeschichte gab es kaum eine Generation, die nicht in einen Krieg geschleudert worden war. Bei unterschiedlichen Kriegstechniken wiederholte sich die Weisheit der Generalstäbe, dass Strategie und Taktik bei der ersten Feindberührung enden.
Man kann angesichts dieser Komplementarität nur von Zuständen von Krieg und Frieden sprechen. Der Krieg ist oftmals eher der Normalfall gewesen als der Frieden. Kurt Tucholsky sprach deshalb auch, den Bellizismus seiner Zeit herausfordernd, vom ‚letzten Frieden'. Geschichte ist, wenn man den gymnasialen Schulbüchern folgt, auf weite Strecken eine Kette von Kriegen und Konflikten.
Kriege mit Söldnerheeren in der frühen Neuzeit hatten als Kabinettskriege geführt werden können. Sie bedurften nicht der Hetze und des Hasses. Dies war die Zeit, in der auf den Kanonen geschrieben stand: „Ultima ratio regis". Auf beidem lag dabei der Akzent: auf der Ratio und darauf, dass es die letzte Ratio sein sollte.
Kriege haben hydraartige Züge. Sie gebären weitere Kriege. Aus Friedensschlüssen, die nur Waffenstillstände sind, geht der nächste Krieg hervor. Obwohl das

Völkerrecht die weise Regulierung des ‚Absoluten Vergebens und Vergessens' kannte, eine bemerkenswerte Zivilisierung, untergruben Revanchisten zumeist wieder den einmal erreichten Stabilisierungszustand. Nicht zu vergessen, dass in der Neuzeit jeder Krieg Menschen aus der entronnenen Hölle speit, die für etwas anderes fast nicht mehr zu gebrauchen sind. Mag der Mensch zum Frieden nicht fähig sein, die oftmals nur weiterlebenden Kadaver der Soldaten sind es in keiner Weise. Nach dem Ende des Ersten Weltkriegs prägten die zerschossenen Krüppel die Städte. George Grosz zeichnete sie in einer alle humanistisch gymnasiale Illusion über Krieg und Frieden brutal aufsprengenden Weise. Dies hatte eine klare Tendenz, die nur allzu notwendig war.

Die Weisheit des völkerrechtlichen Ansatzes wurde in den Kriegen der Moderne nicht mehr beachtet. Die Friedensschlüsse enthielten den Keim für spätere Kriege in sich. Eine regelrechte Drachensaat, die durch Völkerrecht zu formalisieren und in begrenzter Weise einzuhegen ist.

Politische Theorien, die die Suggestion eines ewigen Friedens vertreten, tun gut daran, die vielfältigen Schattierungen drohenden Krieges und gefährdeten Friedens zu bedenken, gemäß der Maxime von Baruch de Spinoza (Theologischer Traktat): die politischen Philosophien hätten immer nur untersucht, was sein soll, nicht aber, was in Wahrheit ist. Auch Fichte forderte in seinen einschlägigen Schriften ein, dass vor der ideativen Normativität der Machiavellismus gesetzt sein sollte. Die kratische Technik, einschließlich des Einsatzes des Krieges zu ihrer Durchsetzung, sei die unhintergehbare Kehrseite der Normativität der Sittlichkeit. In Fichtes eigener Systematik hatte dieser Machiavellismus seinen eigenen Ort. Machiavelli als empirischer Beobachter, der die Taten der Menschen und ihr Reden über diese Taten studiert hatte, war ein philosophisches System mit seinen Letztbegründungen völlig fremd. Ließ es sich in den Fichteschen Idealismus integrieren? Auf die Gewalt folgte eine Pädagogik, die selbst keineswegs frei von Androhungen war. Dann sah man die Freiheit des Sittengesetzes blitzen, die aber den anarchischen Ton eingebüßt hatte, dessen der frühe Fichte noch fähig gewesen war.

DRITTES KAPITEL: DIE WANDLUNG DES KRIEGES UND DIE SUCHE NACH FRIEDEN

Jupiter- janusköpfig: Vom gehegten Krieg

I.
Offensichtlich ist die Möglichkeit von Kriegen, nach dem Ende des Ost-West-Konflikts, in eine neue historische Epoche eingetreten, die sich noch nicht eindeutig fassen lässt: schien in den Jahren nach 1989 ein begrenzter Krieg wieder möglich zu sein, so haben jüngere Entwicklungen gezeigt, dass das Problem auf einer ganz anderen Ebene liegt. Nämlich daran, dass die Figur des Partisanen in eine neue Evolution eingetreten ist. Carl Schmitt hatte schon Anfang der sechziger Jahre den Übergang von der originär defensiven zu einer offensiven Gestalt des Partisanen konstatiert. Der Einschnitt war nach Schmitt bei Lenin fixiert. Allerdings blieb ein

Kernbestand des tradierten Partisanenbegriffs auch für Schmitt in Geltung: die Bindung an einen Landstrich und eine besondere chthonische Verwurzelung. Diese Beschreibung ist unter dem Eindruck des islamischen Terrors erheblich zu modifizieren.
Martin van Creveld, israelischer Militärhistoriker, der der Kenntnis der Lage wesentliche Analysen hinzugefügt hat, sah die ‚Zukunft des Krieges' in „low intensity wars", Kriegen geringer Intensität, die auch den Einsatz von ‚dirty bombs', von hochsubtilen Technologien und dem Know how von Atomwissenschaftlern einschließen. Dies geht damit einher, dass der Partisan ein global player wird. Der Nachfolger des Partisanen im 21. Jahrhundert ist ortlos geworden. Er bedarf nicht mehr zwingend einer Waffe. Als solche gebraucht er gekidnappte Flugzeuge, mit einer Wirkung, die am 11. September 2001 schockartig und in der Art einer Lähmung den Eindruck des Ernstfalls für die gesamte westliche Welt nahe legten. Wenig ist daraus gefolgt. Obwohl zunächst verlautete, nichts sei mehr wie es vorher gewesen, ging man rasch zu Tagesordnung über. Der neue Partisan muss noch nicht einmal mit physischer Gewalt zuschlagen. Es ist auch möglich, dass er sich der Cybersphäre zwar bedient, anonym im Netz seine Attacken zündet.

Was ist das Neue der neuen Kriege?
Entfesselte, gestaltlose Gewalt setzt an einer Membran im fragilen Haushalt der vernetzten, globalisierten Welt ein und zeitigt ungeheure Folgen, – die nicht nur die Trennlinie zwischen Front und Etappe aufheben, sondern auch jene zwischen Militär und Zivilisten. Nachfolgende Generationen können in unabsehbarer Weise geschädigt werden. Die Zukunft des Krieges scheint im Terror zu

liegen, einer zerstörerischen Hydra mit vielen Köpfen, die sich der ethischen Hegung durch die Idee vom gerechten Krieg ebenso entzieht wie der strategischen Balancierung. Der nach dem 11. September unter weltweiter Zustimmung proklamierte Kampf gegen den Terror konnte nicht als Krieg im alten Sinne geführt werden. Nichtsdestoweniger wurden Nationen als ‚Schurkenstaaten' ausgemacht, die dem Terror eine Operationsbasis gaben oder gegeben haben sollen.
Im Sinne der machtpolitischen Balancements ist Michael Stürmers Feststellung von der ‚Welt ohne Mitte', Anfang der neunziger Jahre formuliert, heute zutreffender denn je. Wie eine solche Welt in Ausgleich zu bringen ist, bleibt eine grundsätzliche machtgeometrische Frage.

Nach 1989 schien schon eine Diagnose der Lage schwierig, ja unmöglich. Zu einem adäquaten Verständnis schienen schon vordergründig Begriffe und Kategorien zu fehlen. Gleichwohl bietet die Geschichte, nicht zuletzt die loci classici aus Zeiten der Welt-Unruhe von Machiavelli oder Clausewitz, einige Knotenpunkte, an denen auch in einer Situation, in der buchstäblich „alles anders bleibt" kaum vorbeizugehen ist.
Es scheint gerade angesichts der jüngsten Weltverwirrungen offensichtlich, dass die multilateralen Organisationen und Institutionen, in deren Schematismus sich mehrere Politikergenerationen eingelebt haben, von begrenzter friedensstiftender Wirksamkeit sind. Henry Kissingers Wort, wonach die Multilateralität einer „kollektiven Sicherheit", insbesondere im Sinne der UNO, auch bedeutet, dass niemand niemandem im Bündnissinn verpflichtet sei, bewahrheitet sich nach dem Ende des Ost-West-Konfliktes noch offensichtlicher als

in den Zeiten, in denen der Feind noch eindeutig zu lokalisieren war. Die Tendenzen einer europäischen Sicherheits- und Außenpolitik sind mit höchster Skepsis zu betrachten. Die EU wird politisch und militärisch nur insoweit handlungsfähig sein, als sie an die NATO und die unumgängliche Hoheit der einzigen verbliebenen Weltmacht geknüpft bleibt. Gewiss wurde in den Zeiten der bipolaren, globalen und nuklearen Welt-Ordnung immer wieder in unregelmäßigen Abständen vor ‚troubled partnerships' (Kissinger) gewarnt. Seit dem neuen Jahrtausend deutet sich die Gefahr an, dass auch diese Partnerschaften zerfallen könnten, nicht zuletzt auch, weil ein transatlantischer Gemeinsinn nicht mehr Bindekraft besitzt. Für Jahrzehnte war einzig die NATO, obgleich zu ganz anderen Zwecken angelegt, ein Instrument, um die gezielte Prävention im permanenten Ernstfall auch mit militärischen Mitteln zu bewerkstelligen. Sie bleibt aber unverkennbar ein Kind des Kalten Krieges.

Heute gewinnen Bündnisverpflichtungen neues Gewicht. Ist Habermas' Diktum vom ‚postnationalen Zeitalter' auf der Höhe der Probleme, die die gegenwärtige Weltlage kennzeichnen? Manches spricht dafür, dass die Nationen nach wie vor und, ob geliebt oder nicht, unverzichtbare Ordnungsformen sind, die Bündnissen überhaupt Wirksamkeit geben. „Einhelligkeit von Politik und Moral" bedeutet eben, wie schon Kant lehrte, nicht, dass sie unmittelbar identisch seien. Die moralische Attitüde ist mitunter unverzichtbar.

Die Adressen ‚uneingeschränkter Solidarität' mögen nach 9/11 unvermeidbar gewesen sein. Auf welche ‚Uneingeschränktheit' es hinauslief, vermochte man seinerzeit noch nicht zu sehen. Deshalb ergab sich am

Ende eher hektisches Taktieren. Ein aktionistischer Okkasionalismus hat die transatlantischen Verbindungen eher geschwächt, auf denen einerseits Prosperität und Frieden in der Nachkriegszeit geruht hatten. Doch die Welt war in immer schnelleren Entwicklungen eine andere geworden. Blasser und verletzlicher wurde indessen auch ein „transatlantischer Republikanismus", der die amerikanische Verfassung tief in der erstmals von Adam Ferguson beschriebenen ‚Geschichte der bürgerlichen Gesellschaft' von 1767 verankert und als Tochterland zum Mutterland Europa ausweist. Die Madison Papers, die für die amerikanische Verfassungswirklichkeit grundlegend sind, legten davon staatsphilosophisch und -politisch ein eindrucksvolles Zeugnis ab: eine Magna Charta des politischen Liberalismus, die diesseits und jenseits des Atlantiks wirksam war. Es muss nicht wundern, dass in Amerika die Warnung von ‚entangling alliances' seit George Washingtons Inauguralrede beherzigt wird und die gegenwärtige Administration in dem Maß zum Unilateralismus übergeht und zu der Stadt auf dem Berge wird, die für sich leuchtet, wenn diese alte Lehre verloren geht. Dass die heutige Welt-Unordnung in ein Balancement überführt werden kann, setzt nicht die Transformation in eine Weltinnenpolitik voraus. Der Traum, dass die Fortsetzung des „Projektes Aufklärung" diese Transformation bewirken würde, ist auch wenig realistisch. Eine „kleinere Münze" sollte ausreichen: die aufgeklärte Verständigung über eine begründete Macht, die nicht in Gewalt zerfließt.

Wenn man das Nächstliegende sucht, sollte man nach dem Fernen fragen: Dies macht die Suche nach einem dauerhaften, gar einem ewigen Frieden, der nicht nur Waffenstillstand ist, dringlich.

II.

Max Müller dachte in seinem letzten Buch über ‚Macht und Gewalt' in einer bemerkenswerten Tiefe nach. Er sah das Verhältnis von Macht und Gewalt als ontologisches Verhältnis. „Macht" bedeutet, so hält Max Müller im Rückgriff auf Aristoteles dort fest, das eigentliche ‚Können'. Damit signalisiert der Machtbegriff gleichsam die innere Dynamik des Seins. Man könnte die Aristotelische Spur bis zu Nicolaus Cusanus hin verfolgen, der im real-möglichen Können den Inbegriff von Substanz sah, das in allem Seienden schlechterdings vorausgesetzt werden muss, und seinerseits keine weitere Rückführung in Erklärungsgänge erfordert.

Wohl verstandene Machtausübung steht seit je im Zentrum politischer Philosophie, wenn diese sich nicht nur um die normativen Träume, sondern auch um die Realitäten bekümmert. Man muss dabei auch wissen, dass der Mangel an Macht ‚Gewalt' evoziert, woraus die „Abdankung des eigentlich Politischen" in Terror oder Anarchie hervorgehen muss. Hannah Arendt hat dies in ihrer Weise formuliert: Gewalt zerstört das gemeinsame Handeln und Sprechen, aus dem politische Macht, die eigentlich Friedensmacht ist, schöpft. Hinzu kommt, dass Macht eine spezifische Affinität zum Bleibenden, einer dynamischen Ordnung, hat. Dies kann auch präsent werden. Sie überdauert die politische Strategie und Taktik von Tag und Stunde. Max Müller hat auch darauf einen Aristotelischen Grundbegriff angewandt, den des „An-sich-Haltens". In diesem Sinne ist ‚Macht' sowohl die innere Kraft als zugleich auch die Rechtfertigung politischen Handelns.

Über die Hegung hinaus – Kants Lehre vom ‚ewigen Frieden' und Clausewitz' Tektonik der ‚ultima ratio regis'

I.
Bedingt durch das welthistorische Beben der Französischen Revolution, und die napoleonische Bedrohung Europas musste in den politischen Reflexionen, die Kant nach 1789 anstellte, die Frage von Krieg und Frieden ein bewegendes Problem sein.
Kants vielzitierte Schrift ‚Zum ewigen Frieden' aus dem Jahre 1795 ist einerseits noch ein Zeugnis der alten europäischen Kunst des Gleichgewichts. Sie geht von dem europäischen Balancement des europäischen Völkerrechts aus. Die Idee des ewigen Friedens ist eine regulative Maxime der Politik, keineswegs eine Utopie. Sie hat ihren Ort an der Bruchstelle, an der nach Kant das Tugend- in ein zwischenstaatliches Rechtsgesetz überführt werden muss. Dabei kommt dem Völkerrecht eine entscheidende Bedeutung zu. Dessen ‚Idee' aber setzt Kant zufolge „die Absonderung vieler voneinander unabhängiger Staaten voraus, und, obgleich ein solcher Zustand an sich schon ein Zustand des Krieges ist (wenn nicht eine föderative Vereinigung derselben dem Ausbruch der Feindseligkeiten vorbeugt): so ist doch selbst dieser, nach der Vernunftidee, besser als die Zusammenschmelzung derselben." Denn die Realisierung permanenten Friedens unter einer Hegemonie, der Pax

Romana etwa, begünstigt nach außen Weltherrschaftspläne, nach innen hin aber eine Aushöhlung des Rechtes und den Übergang in Despotismus und danach voraussichtlich in Anarchie. Die Absonderung der Nationen nach Sprachen und Völkern weist indes auf die unhintergehbare Perspektivität und Endlichkeit der menschlichen Natur zurück, in der sich deren universaler Anspruch zuallererst manifestieren kann.

An dieser Stelle präzisiert Kant, dass Frieden ‚gestiftet' werden muss. Der Friede ist, wie Kant immer wieder betont, keineswegs naturwüchsig und noch weniger selbstverständlich. An der Frage nach der Friedensstiftung haftet eng die nach der ‚Conditio humana', die Frage nach der ‚Bestimmung des Menschen', der Naturwesen ist, andrerseits aber sich zum ‚homo nooumenon' bestimmen soll. Verschiedenheit zwischen Sprachen und Religionen legt die Gefahr nahe, dass ein Vorwand zum Krieg gefunden wird. Zugleich aber gewinnt nur aus jener Strittigkeit, der Einsicht in die Verschiedenheiten des krummen ‚Holzes der Humanität', die regulative Idee ewigen Friedens Gestalt: Ein Friede, der in vollständiger Homogenität einsetzte, wäre der tötende Kirchhofsfriede, von dem Kant abgrenzend spricht. Damit lässt Kant schon den Horizont des *Großen Friedens* ahnen.

Das systemarchitektonische Problem, das die Frage nach der ‚Bestimmung des Menschen' theoretische und praktische Vernunft, also die Frage-Trias: ‚Was können wir wissen?', ‚Was sollen wir tun?' ‚Was dürfen wir hoffen?' in eine Einheit zusammenbringen soll, fordert eine eigene Reflexion. Die ‚Bestimmung des Menschen' ist einerseits die Findung der anthropologischen ‚Idee', wer der Mensch sein soll; andrerseits, doch unlösbar davon die Weise, wie der Mensch sich selbst als Homo noumenon, als Bürger der noumenalen Welt auch praktisch bestimmt, indem er sich durch sein „übersinnliches Vermögen" als Zweck auf die Menschheit in seiner und jedes anderen Person richtet. Nur indem er sich in Orientierung am Kategorischen Imperativ auch als noumenales und nicht nur als phänomenverhaftetes Wesen versteht, ist er Kant zufolge ein sittliches Subjekt. Damit aber wird er, um den Abschlussgedanken aus Kants ‚Kritik der Urteilskraft' an dieser Stelle zu verorten, als „Endzweck der Schöpfung" fassbar. Der ‚Endzweck' nämlich ist, so gibt Kant die Bestimmung an, „derjenige Zweck, der keines andern als Bedingung seiner Möglichkeit bedarf." Kant begründet also die anthropologischen Untersuchungen in seinem Weltbegriff der Philosophie. Ohnedies wäre schlechterdings nicht verständlich, warum er in der Friedens-Schrift die Natur, die ‚große Künstlerin' als einzige Garantin dafür erkennt, dass die Menschheit ihren höheren Endzweck in einer höheren Sittlichkeit findet. Dies ist keineswegs mit der immanenten Setzung irdischer Paradiese und einer Selbstüberwindung in einer aufklärerischen Hybris zu verwechseln, welche die geschichtliche Welt seit dem Ende des 19. Jahrhunderts schmerzhaft geprägt hat. Für Kant ist die künstlerische Zweckhaftigkeit der ‚natura daedala rerum' vielmehr allenthalben an die Natur des leidenden, bedürftigen, sinnenhaften Menschen zurückgebunden. Die Verpflichtung zu einem ewigen Frieden findet ihre Entsprechung in der Einrichtung der Natur: Darin, dass der Mensch prinzipiell an jedem Punkt der Erde leben kann, deren geschlossene Kugelgestalt eine Begrenzung seiner Expansionstendenzen nahe legt. Die Menschen können sich, aufgrund der Beschaffenheit der

Erdoberfläche, nicht „ins Unendliche zerstreuen", sie müssen „endlich sich doch neben einander dulden," weil bei allen Unzugänglichkeiten und Distanzen doch eine wechselweise Annäherung im Bereich des Möglichen liegt. Das Staatensystem, das Kant vor Augen hat, ist allerdings nicht als ein permanenter Staatenkongress zu denken, nicht als permanente Institution, sondern nur als vorübergehende Manifestation dieser Staatenvielfalt. Es wäre, im historischen Vergleich gesprochen, der diplomatischen Fragilität des Wiener Kongresses näher als Völkerbund oder UNO.

An dieser Stelle verankert Kant im innerstaatlichen Zusammenhang den Vorrang des republikanischen Verfassungsprinzips und des Gleichgewichts, denen, gegen allen vordergründigen Anschein, dass ein republikanischer Staat ein Staat von Engeln sein müsste, die Natur zu Hilfe komme – „und zwar gerade durch jene selbstsüchtige Neigungen, deren Kräfte und Gegenkräfte im Balancement so gegeneinander zu richten sind, dass eine die anderen in ihrer zerstörenden Wirkung aufhält, oder diese aufhebt."

Kant stellt, im Zusammenhang jener menschlichen Naturanlagen, durchaus in größerer Nähe zu Hobbes' anthropologischem Ausgangspunkt als bei Rousseau, eine Grundneigung des Menschen zum Krieg fest. Der Krieg bedürfe keines „besonderen Bewegungsgrundes, sondern scheint auf die menschliche Natur gepfropft zu sein, und sogar als etwas Edles, wozu der Mensch durch den Ehrtrieb, ohne eigennützige Triebfedern, beseelt wird, zu gelten". Dieser Anschein hat einiges an Wahrheit für sich, will Kant sagen.

Mit der Orientierung auf die Ehre sieht Kant das Gespinst des Eigennutzes durchrissen. Nach Nietzsche und Freud wird man wohl eher annehmen, dass die Ehre eine Verbrämung des Willens zur Macht sein könne, der am Ende destruktiv wirkt. Kant hat am Krieg durchaus erhabene Züge sehen wollen und lange Friedenszeiten exemplarisch als Zeiten charakterisiert, in denen Verweichlichung und niedere Denkart zumindest drohen. Dennoch liegen in jeder Auflösung des Zivlzustandes auf den Krieg hin gravierende Gefahren. Auch im Rückblick auf die Antike muss man an den Kriege auslösenden Stachel der ‚Ehre' erinnern, damit deutlich wird, dass eine timokratische Orientierung niemals zum uneingeschränkt Guten führen kann. Platon hat bekanntlich in der ‚Politeia' die Timokratie als die zweitbeste Verfassung aufgefasst, die aber bereits eine unaufhaltsame Neigung zum Verfall in sich hat, insofern sie das nicht messbare Maß des Angemessenen, die Idee des Guten, verloren hat.

Kant denkt nicht in antiken Maß-Konzeptionen. Er blickt aber auf die der Ehre überlegene Würde des Menschen, die durch keine Wertüberlegung zu fassen ist. Denn Werte sind immer relativ. Am Ende entscheidet die Maßgabe der größeren Gewaltinstrumentarien. Die leitende Maxime, dass kein Krieg sein soll, kann vor der Signatur der Würde zu einer Revision führen, wonach der Krieg gegen eine Tyrannis unerlässlich sein mag. Bezeichnenderweise gibt Kant für die Abwägung, die zeigt, dass, obwohl Krieg immer schrecklich ist, der uneingeschränkte Pazifismus nicht in jedem Fall gerechtfertigt werden kann, keine theoretische Begründung, sondern verweist auf eine griechische Klugheitsregel: „Der Krieg ist darum schlimm, weil er mehr böse Leute macht, als er deren wegnimmt".

Vor diesem Zusammenhang ist die Differenzierung bemerkenswert, die Kant der ‚Verschiedenheit der Religionen' widmet. In einer seiner Anmerkungen konstatiert er, im strengen Sinn sei die Rede von ‚verschiedenen Religionen' ebenso unsinnig wie jene von ‚verschiedenen Moralen'. Es könne lediglich verschiedene Religionsbücher und historisch ausgeprägte Glaubensweisen geben, die aber nur Teil-Offenbarungen der „für alle Menschen und in allen Zeiten gültigen Religion" und deren ‚Vehikel' sind.

II.
Eine Weltregierung befreit nach Kant keineswegs aus den Aporien des ewigen Friedens. Sie droht, schon durch die Unbegrenztheit des dabei in Rede stehenden Territoriums, zum Despotismus zu werden. Eine solche ununterbrochene Einheit könnte leicht mit dem Kirchhofsfrieden zusammenfallen, gegen den Kant seinen Entwurf kontrastiert. Unterschiedenes ist gut. Der gesuchte Friede muss symphonisch und polyphon sein. Eine solche Unterschiedenheit nur führt in Annäherungen zu „größerer Einstimmung in Principien, zum Einverständnisse in einem Frieden", der im Unterschied zum Despotismus, der auf dem Kirchhof der Freiheit aufwächst, keineswegs „durch Schwächung aller Kräfte, sondern durch ihr Gleichgewicht" hervorgebracht wird. Im Handelsgeist (dem freien Commercium) und den Geldströmen, die nationale Grenzen überschreiten, erkennt Kant, wie schon Montesquieu, eine weitere pazifizierende und äquilibrierende Wirkung. Dies ist nicht falsch. Ausreichend ist es nicht, wie die wirtschaftlich aufs engste verflochtene Gegenwart zeigt. Auch Handelskriege sind zu heißen Kriegen eskaliert.

Die Warnung, dass, wer zu viel will, nichts wolle – und gerade das Gegenteil seiner Absichten erreicht, befolgt Kant in der Friedensschrift augenscheinlich selbst. Denn er sieht den ewigen Frieden an eine republikanische Regierungsart gebunden („die Verfassung mag seyn welche sie wolle"), womit auf das ‚*Staatsprinzip*' der Absonderung der „ausführenden Gewalt" von der gesetzgebenden Gewalt verwiesen ist. Eine Demokratie muss, wie Kant wiederum im Wissen um die Exempla der attischen Geschichte festhält, dies Prinzip keineswegs zwingend befolgen. Sie kann durchaus tyrannisch sein. Dies hat einen tieferen, verfassungssystematischen Grund: Die ‚forma imperii' darf aus prinzipiellen Gründen nicht mit dem Prinzip der Regierungsart verwechselt werden. Dabei kennt nur ein ‚republikanisches' Gemeinwesen Bürger, deren Beistimmung in der Frage erforderlich ist, ob Krieg oder Frieden sein soll. Die verbindliche Geltung des Völkerrechts ist nach Kant als die nächst höhere Ordnungsstruktur an das Bestehen distinkter Staaten gebunden, was für den im Zusammenhang des kantischen Völkerrechtsbegriffs konstitutiven Begriff eines Weltbürgerrechts von entscheidender Bedeutung ist. Dieses kann nicht als universelles Gastrecht aufgefasst werden, was eigene positive Gesetzgebung erforderte; es ist strictu sensu auf ein ‚Besuchsrecht' einzuschränken; und es setzt das nationale Bürgerrecht voraus.

Die Gewaltenteilung ist gerade die Voraussetzung für eine urteilsfähige Bürgerschaft. Bürgerlichkeit beruht dabei nicht auf Herkunft und auf Steuerklassenzugehörigkeit, sondern auf dem Verdienst um das Gemeinwesen (meritum). Hier spielt in die Kantische Auffassung eine begriffsgeschichtliche Differenz hinein:

die in der Zeit der Französischen Revolution und ihrer Nachbeben zu Kampfbegriffen sich entwickelnde Differenz von ‚Citoyen' und ‚Bourgeois' war für Kant noch keineswegs in den Widerspruch auseinandergedriftet. Es ist ein und derselbe ehrbare Mann, der als Staatsbürger und Besitzbürger sein Leben führt, ein wenig bekanntes inneres Konstituens bürgerlicher Gesellschaft.

Die Weisheit der Kantischen Friedens-Schrift, die sie mit einem Wort des Thukydides zu einem „Besitz für immer" macht, liegt primär darin, dass sie dem alteuropäischen Völkerrecht und seiner Gleichgewichtstektonik eine anthropologisch-metaphysische Grundlegung gibt. Die Beben eines Zeitalters, mit dem eine neue Epoche der Weltgeschichte beginnt, durchzittern die Schrift von ferne und lassen sich gerade den Präliminarartikeln ablesen. Dem tragen Maximen Rechnung, die offensichtlich den fragilen Künsten der Kabinettspolitik widersprechen, obwohl sich die Schrift sonst durchaus noch in deren Umkreis hält: Das Verdikt über die Geheimhaltung der Kabinettspolitik, ein grundsätzliches Interventionsverbot, aber auch die proklamierte Abschaffung stehender Heere.
Gleichwohl ist es der Geist der Gentzschen Denkschriften, und, avant la lettre, der Wiener Ordnung, die die Eleganz von Kants Friedensschrift und auch der Völkerrechtsabhandlung in der ‚metaphysischen Rechtslehre' begleiten.

III.
Clausewitz war Zeitgenosse Kants und als dieser ein nachkantischer Denker. Er hat den Krieg als ein Chamäleon aufgefasst, das immerfort sein Aussehen

ändere. Seine eigene bis in die Beschreibung der Frontlinien des 20. Jahrhunderts, ja auch noch in das 21. hinein treffenden Bemerkungen gewinnen ihre Überzeugungskraft nicht zuletzt daraus, dass Clausewitz, obgleich im strengen Denken in Kantischen Kategorien geschult, die Oszillationen des proteushaften Phänomens nicht unter eine kategoriale Einheit zu bringen versuchte. Krieg ist für Clausewitz, wie er in verschiedenen Variationen erklärt, „nichts […] als die fortgesetzte Staatspolitik mit anderen Mitteln" (Buch VIII, 6 ‚Vom Kriege'); oder etwas anders mit der berühmten Formel: „Der Krieg ist nichts als eine Fortsetzung des politischen Verkehrs unter Einmischung anderer Mittel". Insofern die Politik Träger jener ‚Logik' bleibt, deren ‚Grammatik' der Krieg ausbuchstabiert, ist das Verhältnis zwischen Militär und Politik unumkehrbar, wie Raymond Aron nicht müde wurde zu erklären. Clausewitz hat aber auch bemerkt, die Inkubationszeit der Erhebung gegen Napoleon vor Augen, der Friede sei die Schneedecke des Winters, unter der die Kräfte einer historischen Stunde schlummern, während der Krieg sie gleich der Sommerglut ans Licht bringt. Deshalb hat Dilthey nicht ganz zu Unrecht doch eine Umkehrung annehmen wollen, wonach Clausewitz den Frieden selbst nur als „eine Fortsetzung des Krieges mit anderen Waffen" denke. Dies ist sicher nicht als normative Aussage zu nehmen. Es beschreibt aber Clausewitz' Einsicht, dass Kriege nicht dauerhaft und ein für alle Mal zu hegen sind. Clausewitz sah die ‚levée en masse' als Macht, die den der Staatsraison unterworfenen Kabinettskrieg ein für alle Mal zu einem Anachronismus machen musste. Schon Scharnhorst, Clausewitz' Lehrmeister, hatte den epochalen Umbruch des Krieges konstatiert und die preußische Niederlage in den Koalitionskriegen auf jene nicht einholbare strukturelle Differenz zurückgeführt. Die Franzosen hätten „mit den Hülfsquellen der ganzen Nation" Krieg geführt, die Kriegsgunst sei, so fasst Scharnhorst das Problem noch tiefer, mit den inneren Verhältnissen der französischen Nation verwoben gewesen. Die Herkunft der napoleonischen Truppen aus der Revolutionsarmee ist dabei entscheidend. Es ist unstritig, dass für Clausewitz die ‚levée en masse' signalisiert, dass der ‚wirkliche Krieg' sich dem ‚absoluten Krieg' annähere.

Raymond Aron hat in seinem ingeniösen Versuch, mit Clausewitz die bipolare Grundsituation des nuklearen Weltalters im Kalten Krieg zu buchstabieren, die Zweideutigkeit in Clausewitz' Urteilen als deren eigentliche Bedeutung erkannt. Clausewitz sieht, dass europäische Kriege künftig enthegte, nationale Kriege sein werden; und zugleich sucht er die Lektionen des Kräftegleichgewichts festzuhalten. Dass die neue Gestalt des nationalen Krieges Europa verändert und dass der „Geist der großen Reformation" unumkehrbar ist, formuliert Aron als kühle Einsicht. Wie ist der Krieg dann zu hegen? Denn von einem ‚ewigen', ja einem nur ‚dauerhaften' Frieden kann gar nicht die Rede sein! Wenn es dazu nicht komme, so hätten die Staaten keine Möglichkeit zur Eskalation. Eskalation und Mäßigung sind aber die beiden Seiten einer Medaille, die beiden Säulen, auf die der Krieg gegründet sein muss. Es ist offensichtlich, dass die Mäßigung einerseits durch das Recht im Krieg definiert wird, Erbe des alten Völkerrechts und zugleich Teil der anachronistisch werdenden Lehre vom gerechten Krieg. Dies reicht freilich nicht aus. Clausewitz sieht auch, dass es eines inneren Ethos bedarf, das aus „Hingabe und Autorität", dem Ganzen der Sittlichkeit, dem Krieg seine Form und Grenze geben könne. Dass seine Schrecken in einer zuvor ungekannten Weise entfesselt sind, steht indes außer allem Zweifel. „Blut" ist der Preis der Hauptschlacht, das Hinschlachten ihr Charakter – und davor „schaudert der Mensch im Feldherrn zurück". Eine Illusion der Kabinettskriege ist damit zerbrochen: dass die wahre Kriegskunst, ein Brahmanendienst sei, der darin bestehe, einen Krieg ohne Blutvergießen zu führen. Clausewitz vermutete, dass es nicht möglich sei, Grenzen, wenn sie einmal aufgeweicht sind, wieder in Kraft zu setzen. Der Wiener Kongress kann den europäischen Sturm durch rechtliche Regulierungen zernieren, der neue Kriegsfuror ist nicht mehr zu bannen. Wie ‚Eskalation' und ‚Mäßigung' ihrerseits in eine Balance zu bringen seien, dieses tiefliegende Problem weist Clausewitz, darin Kants dritter Kritik verpflichtet, dem „Takt des Urteils" zu, das in seinen Reflexionsbewegungen Übereinstimmung konstatiert, wo nicht im Sinne eines logischen Urteils feststehende Subsumptionsverhältnisse existieren. Dass Mäßigung und Eskalation in sich balancierbar bleiben, wird dadurch noch erschwert, dass, wie in der Forschung triftig gezeigt worden ist, Clausewitz von einer Erosionskraft des Krieges ausgeht, die dessen Subjekt verändern kann. Der Krieg kann die staatliche Form derart unterhöhlen, dass sie ihm nicht ihre Logik aufprägen, ihn nicht als letztes Instrument wird handhaben können. Diese Tendenz wird umso stärker zutage treten, je mehr sich der Krieg seiner ‚absoluten' Form nähert. Das „Labyrinth der Legitimitäten", in dem Clausewitz nach einem treffenden Wort von Carl Schmitt befangen ist, gehört den beiden Weltaltern an, zwischen denen

Clausewitz' Denken sich ausprägt. Ihrer beider Kern, das dynastische und das nationale Prinzip, zusammenzuführen oder doch gegeneinander auszutarieren, wäre die Conditio sine qua non dafür, dass der Staat in der Lage ist, den Krieg in den ihm definitorisch gesetzten Grenzen zu halten. Dies scheint umso dringender geboten, als die französischen Armeen, wie Clausewitz festhält, „mit ihren revolutionären Mitteln das alte Instrument der Kriegführung wie mit Scheidewasser angegriffen" hatten. Sie hatten das furchtbare Instrument des Krieges aus seinen alten diplomatischen und finanziellen Banden losgelassen; er schritt nun mit seiner rohen Gewalt einher, walzte eine ungeheure Masse von Kräften mit sich fort, und man sah nichts als Trümmer der alten Kriegskunst auf der einen und unerhörte Erfolge auf der anderen Seite".

Die ‚absolute Form' des Krieges ist für Clausewitz gewiss selbst eine Idee oder ein Idealtypus, nicht im normativen Sinne, in dem sein Lehrmeister Kant diesen Begriff gebraucht, sondern als Beschreibung des Extrems, an dem sich auch diagnostisch – in schärferen Konturen – der Normalfall erst sehen lässt. Zugleich nimmt er die Perspektive der Nahoptik ein und beschreibt den schrecklichen Furor des unbegrenzten Massenkrieges. Dieser blieb für das eigene Ethos nicht ohne Konsequenzen. In Preußen kam Clausewitz, wie Gneisenau in einem Brief angesichts der Karlsader Beschlüsse am 22. Oktober 1819 festhielt, in dem er auch die eigene Position charakterisiert, die „unverdiente Ehre zu, für Freunde der französischen Revolutionsgrundsätze" gehalten zu werden. Der Jakobinismus-Vorwurf beruht unstrittig auf einer Überzeichnung. Ganz aus er Luft gegriffen war er nicht. Denn Clausewitz'

‚Bekenntnisdenkschrift' entwirft einen Pflichtbegriff, der sich von der reinen Formalität des Kantischen Kategorischen Imperativs löst und jene Zusammenhänge aufruft, die seit der griechischen Philosophie als ETHOS begriffen werden und die Hegels politische und praktische Philosophie als notwendiges Korrelat der Moralität, nämlich als Sittlichkeit, wieder in das Gedächtnis rief. Auch wenn der Pflichtbegriff durch heteronome und barbarisierende Verwendung mittlerweile desavouiert scheint, sollte man diesen Impetus nicht verkennen. Clausewitz schrieb: „Die Philosophie lehrt uns unsere Pflicht thun, unserem Vaterlande selbst mit unserm Blut treu dienen, ihm unsere Ruhe, ja unser Daseyn aufopfern". In solchen Überlegungen gewinnt der Begriff des Volkes und die ‚Gesamtheit' des Sittlichen ein dem preußischen Kantianer sonst eher fernliegendes pathetisches Gewicht, das nur als Lehre aus der Konfrontation mit der Grande Armée denkbar ist, ohne dass Clausewitz die Gefährdung, die von der Massenerhebung ausgeht, deshalb übersehen würde.

Das Faszinosum ist für den janusköpfigen Denker zugleich eine Gefährdung der staatlichen Observanz über militärische Handlungen. Denn „der politische Zweck wird als Maß umso mehr vorherrschen und selbst entscheiden, je gleichgültiger sich die Massen verhalten, je geringer die Spannungen sind, die auch außerdem in beiden Staaten und ihren Verhältnissen sich finden, und so gibt es Fälle, wo er fast allein entscheidet".

Clausewitz hat die Konsequenzen weniger geschichtsphilosophisch und staatstheoretisch expliziert. Er nahm sie in seine philosophische Analyse des Krieges implizit auf. In diesem Zusammenhang ist die perspektivische Lehre zu beherzigen, wonach „das politische Element nicht tief in die Einzelheiten des Krieges" hinunterdringe. „Man stellt keine Vedetten und führt keine Patrouille nach politischen Rücksichten: aber desto entscheidender ist der Einfluss dieses Elementes bei dem Entwurf zum Kriege, zum Feldzuge, und oft selbst zur Schlacht". Der ‚politische' Blick auf den Krieg ermöglicht eine perspektivische Distanz, wie sie sonst nur im zeitlichen Abstand möglich wäre. Ein Verhältnis zum Krieg, das ihre eigene Existenz tangierte, darf die Politik nicht einnehmen. Sie macht aus ihm „ein bloßes Instrument", was einschließt, dass sie ihn stets nach der Art eines subtilen Kabinettskriegs führt. „Aus dem furchtbaren Schlachtschwert, was mit beiden Händen und ganzer Leibeskraft aufgehoben sein will, um damit einmal und nicht mehr zuzuschlagen", macht sie „einen leichten, handlichen Degen, der zuweilen selbst zum Rapier wird, und mit dem sie Stöße, Finten und Paraden abwechseln lässt". In diesem Zusammenhang ist es von größter Bedeutung, die Differenz zwischen Taktik und Strategie festzuhalten und nach verschiedenen Richtungssinnen zu erwägen. Dies bedeutet aber gerade, dass das Wort des alten Moltke, wonach alle strategische Planung nur bis zur ersten Feindberührung reicht, als ein Schibboleth zu begreifen ist, das umgangen werden muss. Die Strategie mit ins Feld zu nehmen, bedeutet für Clausewitz, dass die *politische Grammatik* Beurteilungen der folgenden Art wird treffen müssen: hinter den für den einzelnen Menschen immer Schauder erregenden, blutigen Dimensionen des Kriegs, deren Charakter wie Name „Hinschlachten" ist, muss die Schlachtordnung nach Masse ebenso wie nach Geometrie als „ein Zurechtstellen der Kräfte zum bequemen Gebrauch" gedacht werden. Der Verlauf der Schlacht ist „ein gegenseitiges langsames Verzehren dieser Kräfte aneinander, um zu sehen, wer seinen Gegner früher erschöpft haben wird."

In seinen hoch differenzierten Verhältnisbestimmungen von Strategie und Taktik, die Teil der triadischen Reflexion des Krieges am Leitfaden von Zweck, Ziel und Mittel und ihrer Relation zueinander ist, hat Clausewitz auf die grundlegende raum-zeitliche Divergenz von Strategie und Taktik hingewiesen: Erstere ist durch eine große Linienführung, ein Design, zu kennzeichnen, dem sich die Einzelzüge einordnen müssen, letztere dagegen durch das komplexe, ineinander greifende Gefüge verschiedener Handlungen und möglicher Reaktionen. Dies ist durch das unterschiedliche Verhältnis beider zur temporalen Achse erforderlich. In der Taktik bedeutet Zeit immer einen Verbrauch der Kräfte, dem kompensatorisch durch den Einsatz anderer Mittel gesteuert werden muss. Die Zeit erscheint mithin als „ein Faktor in dem Produkt", was bei der Strategie nicht der Fall ist. Strategie und politische Logik der Grammatik des Krieges sind daher durch eine Unterscheidung zwischen Ziel und Zweck zu explizieren, die tief in der Kantischen Philosophie verankert ist: Die Strategie vermag die Ziele des Krieges zu bestimmen, nur die Politik vermag es, den Zweck zu setzen. Im Sinne der dritten Kritik hätte die objektive Zielsetzung in einem bestimmenden Urteil ihren Ort, im Vermögen zu Begriffen, wohingegen der Zweck eine freie Reflexion fordert, und sich im Sinne des Kantischen Reflexionsurteils zu einem gegebenen Einzelfall das Allgemeine erst suchen muss. Lange schon ist mit plausiblen Belegen der Nachweis geführt worden, dass die Kantische Lehre vom ‚Genie', als ein ‚Vermögen', sich seine Zwecke selbst zu setzen, Clausewitz´ Denken geprägt habe. Dies bedeutet freilich in weitergehender Auslotung der Kantischen Matrix, dass das Ziel immer innerhalb eines durch Verstandesbegriffe zu vermessenden Gegenstandsgebietes verortet ist (er gehörte also nach den Bestimmungen der kritischen Philosophie unter die Verstandesbegriffe), während der Zweck den Vernunftbegriffen, dem Übergang von der sinnlichen in die übersinnliche Welt, aufgrund der ‚Bestimmung des Menschen' angehört. Es ist die Zwecksetzung, die bei aller verändernden Bedeutung der levée en masse das Maß vorgeben muss.

Jene äquilibristisch janusköpfigen und zugleich grundsätzlichen Erwägungen hat Clausewitz in der Dialektik von Angriff und Verteidigung weitergehend expliziert. Diese Dialektik zeitigt eine Asymmetrie dadurch, dass der Krieg nicht mit dem Angriff, sondern erst mit der Verteidigung beginnt. Die *philosophisch* begriffliche Erklärung des Anfangsgrundes des Krieges führt Clausewitz darauf zurück, dass für den Angreifenden die Besitznahme den ersten Zweck bezeichnet; andernorts, in einem Zusammenhang, in dem die Umakzentuierung zum Volkskrieg auch auf diesem Gebiet offensichtlich wird, erklärt er die Setzung einer überwölbenden PAX, also die Herstellung eines mit einem gewissen Universalitätsanspruch errichteten Friedens als grundlegenden Wesenszug des Angriffskrieges. Mit der Verteidigung werde der Kampf selbst Zweck in einem uneingeschränkten Sinn, insofern „abwehren und kämpfen offenbar eins ist".

Ihrer Physiognomik nach unterscheiden sich gehegte und nicht-gehegte Kriege deutlich erkennbar voneinander. Dies diffundiert das Grundgerüst, auf das Clausewitz Kriegshandlungen zurückführt, die Duell-Situation, in ein

Reich zweifacher Interpretation. Daraus ergeben sich weitere Probleme, die Clausewitz freilich selbst nicht näher reflektiert hat. Denn nur vor dem Hintergrund des ‚gehegten Krieges' bleibt die Grundsituation auf ein wechselseitiges Anerkennungsverhältnis bezogen, was offensichtlich für eine Begründung der ‚Rechte im Krieg' von hoher Bedeutung wäre. Die Einwirkung der ‚levée en masse' für alle Formen nicht eingehegter Kriege, die „das alte Instrument der Kriegführung wie mit Scheidewasser" angreift, das „furchtbare Instrument des Krieges aus seinen alten diplomatischen Banden" loslässt, so dass der Krieg „nun mit seiner rohen Gewalt einherschreitet [...], eine ungeheure Masse von Kräften mit sich fort" walzt („und man sah nichts als Trümmer der alten Kriegskunst auf der einen und unerhörte Erfolge auf der andern Seite)", macht den Zweikampf zu einem physischen Kraftverhältnis, bei dem sich am Ende nur mehr messen lässt, wer nach Moral und Kraft überlegen ist.

Neben die Entscheidungsschlacht tritt der wohl organisierte und durch die politische Grammatik anzuleitende Partisanenkrieg. Carl Schmitt sollte später bestreiten, dass es überhaupt möglich sei, den Partisanenkrieg als ‚Instrument' zu verstehen, so wie Clausewitz dies tut. Hier kann man wohl tatsächlich eine Grenze in Clausewitz' Denken des Krieges sehen, der er sich nähert, die er aber niemals überschreitet. Clausewitz scheut offensichtlich den Gedanken, dass eine eigene Dynamik des Krieges soweit reichen könne, dass er staatlicherseits nicht mehr zu kontrollieren ist. Dies ist zunächst eine Einsicht aus der geschichtlichen Erfahrung. Sie ist aber auch systematisch aufschlussreich. Sie ermöglicht es nämlich, das Problem, wie staatliche Macht der überbordenden Gewalt einen Gegenhalt geben und diese in sich integrieren kann, bis an seine äußersten Grenzen herauszuversetzen.

Entscheidungsschlacht und der ‚Kleine Krieg' treten einander dann in Komplementarität als die beiden Pole einer Skala entgegen. Während der große Schlag alles Handeln „*in einem Punkt* des Raumes und der Zeit" zusammendrängt, ist die Guerilla wie eine „still fortschwelende Glut", welche die Grundfesten des feindlichen Heeres zerstört. Sie wird, wiederum in einer bezeichnenden Dialektik, umso wirksamer, je weiter sich das feindliche Heer auf dem eigenen Territorium ausbreitet.

Es ist unstrittig, dass Randbedingungen mit zu bedenken sind, um den ‚kleinen Krieg', der durchaus als eine Vorgestalt von ‚low intensity wars' charakterisiert werden kann, wirksam werden zu lassen. In diesen Zusammenhang gehört unter anderem die Beschaffenheit des Landes, die ihn umso mehr begünstigt je zerklüfteter und unzugänglicher sie ist, hierher gehört, dass der Krieg nicht in einer einzigen Katastrophe entschieden werde und das Kriegstheater „eine beträchtliche Länderstrecke" einnehme.

Ebenso gehört zu den Randbedingungen eine selbstverständliche Haltung der Bevölkerung, das den Partisanen zu Hilfe kommen muss. Es ist offensichtlich, dass für den Einsatz der Nadelspitze des Partisanenkrieges auch der richtige Augenblick, der Kairos im Kriegsverlauf gefunden werden muss. So können die Schläge des Partisanen gerade in defensiven Zusammenhängen ihre Wirksamkeit entfalten, in jener Kriegsform, dergemäß der Feind, wie Clausewitz einmal notiert hat, nicht „durch das Schwert, sondern durch seine eigenen Anstrengungen zugrunde gehen soll".

Die arithmetischen Grundlinien dieser Konstellation hat Clausewitz scharfsichtig offengelegt: ein Gleichgewicht zwischen angreifender und defensiver Partei ist nicht von langer Dauer. Oftmals erfolgt ein Rückschlag, dessen „Gewalt [...] gewöhnlich viel größer [ist] als die Kraft des Stoßes war." Der ‚Kulminationspunkt' des Angriffs ist daher besonders fragil. Clausewitz spricht in diesem Zusammenhang von einer ‚doppelten Art' Krieg zu führen, den Eroberungen oder Stabilisierungen am Rande des eigenen Territoriums einerseits und unter den Vorzeichen des Volkskrieges das Ziel einer Niederwerfung des Gegners andererseits. Dies sind ‚Idealtypen', Extrema am äußersten Rand eines Spektrums.

Indes ist nicht zu übersehen, wenn es auch nicht den eigentlichen Gravitationspunkt einer Clausewitz-Deutung ausmachen sollte, dass Clausewitz' Sicht auf den Krieg selbst Veränderungen und Modifikationen durchlief. Aron meinte, Clausewitz' nachgelassenes Chef d'oeuvre im Licht einiger wesentlicher kleiner Schriften, der ‚Gedanken zur Abwehr' und der ‚Nachricht', die Marie von Clausewitz dem Buch ‚Vom Kriege' 1827 voranstellte, interpretieren zu können. Clausewitz schrieb: „Ich betrachte die ersten sechs Bücher, welche sich schon ins Reine geschrieben finden, nur als eine noch ziemlich unförmige Masse, die durchaus noch einmal umgearbeitet werden soll". Darin ist keineswegs ein grundsätzlicher Wechsel der Konzeption angezeigt, wohl aber die Absicht, aus einem erst noch zu gewinnenden Gesichtspunkt die verschiedenen Stränge des Textes zusammenzuschweißen. Fruchtbarer als von einer fundamentalen Veränderung mit genau datierbaren Phasen auszugehen, mag es sein, Akzentverschiebungen zu durchdenken, in denen die älteren Überlegungen weiterwirken und aufbewahrt bleiben.

Clausewitz konnte die Erfahrung der ‚Grande Armée', so sehr sie ihn faszinierte, nicht dazu bewegen, seine eigenen älteren Reflexionen über die Formen des Krieges grundsätzlich zu revidieren. Ebenso wenig war sie für ihn ein Endpunkt, über den hinaus nicht andere Formen der Kriegführung grundsätzlich möglich bleiben. Die Vernichtungsschlacht ist damit keinesfalls der unverrückbare Horizont für Clausewitz' vielfältige und differenzierte Überlegungen. Die starke, noch in der Kantischen Moralität verankerte Akzentuierung des Staates im früheren Werk, die Dokumentation eines nationalen und, heute kaum mehr verstehbar, zugleich ethischen Hochgefühls, die sich daran anschließt, und letztlich eine konservative Wendung in den späten Jahren, die sich, wie Martin Kutz einmal treffend konstatierte, nicht zuletzt an Clausewitz' vermehrtem kriegshistorischem Interesse entzündete, gingen freilich erst am Ende eine unlösliche Ligatur ein. Eine Theorie des Krieges muss sich, so sehr sie auf der Höhe des realen Krieges ihrer Zeit ist, zugleich daran messen lassen, dass sie auch Erscheinungsformen des Krieges zu erklären vermag, die jenen jüngsten Entwicklungen gerade nicht entsprechen. Von hierher ist freilich das Votum für den späten Clausewitz nicht nur eine historische Option. Es ist zugleich das Votum für die komplexeste Reflexion, die eine vorher nicht gekannte Entfesselung von Gewalt vor Augen hat; ein Verhältnis, das sich für Clausewitz auch in die Äquilibrierung von Angriff und Verteidigung hinein fortsetzt. Der Angriff konnte deshalb nicht länger unbefragt als wahres ‚Arcanum' des Krieges gelten, wie 1812 aufgrund des

Eindrucks der französischen Erfolge. Wer die Sache gründlich und philosophisch durchdenke, werde „sich sagen, dass die Angriffsform die schwächere und die Verteidigungsform die stärkere im Kriege ist, dass aber die erstere die positiven, also die größeren und entscheidenderen, die letztere nur die negativen Zwecke hat, wodurch sich die Dinge ausgleichen und das Bestehen beider Formen nebeneinander erst möglich wird."

IV.
In den Reflexionen des frühen Idealismus, seien sie aus der Warte der philosophischen oder der kriegsphilosophischen Fragestellung aufgefasst, begegnet einem die Berufung auf eine Instanz immer wieder: Das Ethos des Soldaten. Noch Karl Jaspers betonte, wie er 1958 im Zusammenhang der philosophischen Analyse der bipolaren nuklearen Weltlage festhielt, seine Bedeutung. Er sah sie aber angesichts der nihilistischen nuklearen Potentiale als Anachronismus. Letztlich stellt die antike Philosophie des Politischen das Instrumentarium bereit, auf die man sich dabei immer wieder beruft. Die Grundtugend, auf die nach Platonischer Lehre, der Krieg begründet ist, ist die Tapferkeit („andreia'), die aber ihre vollständige Wirksamkeit nur entfaltet, wenn sie als Teil der ganzen und unteilbaren menschlichen Tugend aufgefasst und im Zusammenhang mit der Gerechtigkeit gesehen wird. Gerade die Tapferkeit hat aber nach Platon innerhalb der Tugenden eine besondere Affinität zum Wissen, das seinerseits auf eine Fertigkeit („techné') zu seiner Realisierung zielt. Dieses Wissen ist, wie Platon mehrfach unterstreicht, das Wissen um das, was furchtbar ist und was nicht. Aristoteles wird unter Anlegung eines

bei Platon nur in ersten Umrissen explizierten Maßstabs dieses Wissen auf die Mitte („meostés') zwischen Tollkühnheit und Feigheit orientieren. Platon versagt sich solche Näherbestimmungen noch, da Eidos der Tapferkeit ein Maß des Angemessenen voraussetzte, das unter dem ständigen Wechsel der Umstände und in deren Kontingenz nicht zu gewinnen ist. Die Idee ist unter die Kuratel der Unsagbarkeit gestellt, so dass sie notwendig ein Unaussprechliches (arrethon) ist.

Der Verweis auf die allmenschliche Tugend (Bestheit) und die Nähe zur Techné macht die Lebensform des Soldaten wohl in besonderer Weise zum Prüfstein für die Einheit der Tugend. Der Soldat ist vom wahren Staatsmann weit entfernt. Er bezeichnet aber eine propädeutische Vorstufe. Denn er würde, anders als Sophisten und Rhetoren, seinen Ort nicht einnehmen können, wenn er nicht ‚in Wahrheit' standhielte, wenn also seine Verpflichtung nicht ‚Etwas' bedeutete. Mithin mag er sich (obgleich Platon einen solchen Zusammenhang nirgends hergestellt hat) zum ‚Politikos,' dem wahren Webkünstler, ähnlich verhalten wie der Mathematiker zum Philosophen. Dies hat einen systematischen Grund, der in das Zentrum der Platonischen Tugendlehre verweist: Die Tapferkeit ist die konkreteste Tugend, zugleich jene, wo der Übergang in die nur relationale Maßstäblichkeit des jeweiligen Nützlichen am deutlichsten droht, so dass eben hier zur Entscheidung steht, ob das schlechthin Beste auch als Bestes in der Zeit taugt. Nicht ohne Grund wird die Gesetzgebung der ‚Politeia' zunächst (nämlich bis zum V. Buch) als eine Gesetzgebung ihrer Hüter (phylakes) entworfen. Im Ethos des Soldaten entscheidet sich daher nicht nur, ob die Gesetze einer Stadt auch die Festigkeit haben, eine gute Bildung (Paideia) hervorzubringen, hier steht auch die Wirklichkeit der Idee, dies: ob sie Formkraft für die dem Werden oder Vergehen unterstehenden Zusammenhänge hat. Wäre es anders, so wären diese der schwankenden Doxa ausgesetzt, wie Platons junge Gesprächspartner, Glaukon und Adeimantos, am Beginn des zweiten Buches der ‚Politeia' dies befürchten.

Die Mächtigkeit von Ordnung und Recht steht deshalb eben hier gegen eine Gewalt, die sich in der zersplitterten, anarchischen Gesellschaft einstellt.

Die Platonischen ‚Phylakes' haben eine Ordnungsfunktion nach innen ebenso wie nach außen. Sie müssen schon die Grundanlagen des Philosophen haben, anders wären sie gar nicht tauglich: Denn sie müssen Unterscheidungen treffen können; namentlich die extremale Unterscheidung zwischen ‚Freund' und ‚Feind', die für Platon gerade keine politische, sondern eine die politische Sphäre ihrerseits erst ermöglichende grundsätzliche Ordnungsunterscheidung ist.

An jene Überlegungen und ihren fundamentalphilosophischen Implikationen war kurz zu erinnern, weil sie in Clausewitz' oder Scharnhorsts Analysen des Volkskrieges noch immer als Matrix präsent sind. Im Verständnis des Kriegshandwerks, das der Staatskunst dienen soll, geht es auch darum, dass sich der Soldat der anbrandenden Macht der Volksmassen nicht als unterlegen zeigt, ohne dass er doch mit ihnen gemein würde. Ebenso gilt es zu verhindern, dass Söldner und Landwehr sich als Potenzen von Krieg und Politik verselbständigen. Dies könnte nach Clausewitz' Urteil nur destruktiv sein. Clausewitz betont deshalb, dass sie in ein strenges Reglement einzubeziehen und auf diese Weise zu hegen sind. Dies wusste Clausewitz und wandte sich, obgleich er die Volksbewaffnung mit dem Argument befürwortet hatte, Preußen solle seine eigenen Soldaten doch nicht mehr fürchten, als die Kolosse, die seine Existenz von Westen und von Osten bedrohten, gegen den „von demokratischer Herrschsucht leidenschaftlich zerfressene Görres", der im Volk – und nicht in der staatlichen Form – den Bezugspunkt politischen Handelns sah.

Bereits seit dem ‚Politischen Testament' Friedrich des Großen war die Furcht vor dem eigenen Heer ein Topos geworden. Friedrich, der skeptische Machiavellist, hatte erklärt, die Soldaten sollten ihre eigenen Offiziere mehr fürchten „als alle Gefahren denen man sie aussetzt". „Der gute Wille allein würde niemals den einfachen Mann durch ähnliche Gefahren bringen; es muss die Angst tun". Man kann also mit guten Gründen in der verlangten Haltung und Denkart des Soldaten, namentlich des Offiziers, das Arkanwissen der Erörterung von Krieg und Frieden um das Jahr 1800 verborgen sehen.

Karl Jaspers sprach seinerzeit Ende der Fünfziger Jahre von einem Ethos, das dem Soldaten im Umgang mit Waffen und strategischen Entwürfen abgefordert sei, die alles menschliche Maß übersteigen. Die Soldaten hätten in ihrer Gewissenhaftigkeit und ihrem Ethos, in einer „nihilistischen" Lage zu handeln, so brachte Jaspers das Problem auf den Punkt. Im frühen 21. Jahrhundert muss in einer entweder naiv pazifistischen oder paralysierten, durch Medienwirkungen geprägten Bevölkerung, diesem Ethos nicht weniger abverlangt werden. Dies verlangt vermutlich noch immer ein gelebtes ‚Ganzes der

Sittlichkeit', das nicht entstehen kann, wenn nicht in der Gesellschaft selbst eine Grundhaltung kultiviert wird.

Die Formulierung vom ‚Staatsbürger in Uniform', die dem Geist des Grundgesetzes gemäß ist, weist dem Problem die grundsätzliche Richtung. Dass Gegenteiliges geschieht, und dass die Rede vom „postheroischen Zeitalter" zu verdecken droht, dass den Soldaten Kampfeinsätze abgefordert werden, die die Bedingung des Krieges erfüllen, zeigt sich in problematischer Weise. Der Schritt zur Berufsarmee hat daher eine gewisse Konsequenz. Der Krieg wird zur Expertensache. Die demokratische Kontrolle und Würdigung treten aber in problematischer Weise zurück. Clausewitz hatte zu seiner Zeit, besonders eindrücklich in der ‚Bekenntnis-Denkschrift' des Jahres 1812, eine verbreitete Charakterlosigkeit zu kritisieren und die „leichtsinnige Hoffnung einer Errettung durch die Hand des Zufalls". Dies sei die Kehrseite der „kindischen Hoffnung, den Zorn des Tirannen durch freiwillige Entwaffnung zu beschwören".

Macht und Gewalt: Die Grunddifferenz

Geschichtlich gewordene ‚Macht' unterscheidet sich von Gewalt. Auf diese von Max Müller zu Recht ins Bewusstsein gerückte Unterscheidung ist in einer Zeit besonders hinzuweisen, in deren Sog in rapider Geschwindigkeit alte Stabilitätserwartungen verdampfen. Deshalb ist, wenn man auf der politisch-philosophischen Ebene über Krieg und Frieden nachdenkt, nach einer Maxime von Wilhelm Hennis nicht nur die politische Philosophie zu studieren, deren Tradition von Plato bis

Kant und Hegel die Substanz der Macht in der Idee vorzeichnet. Verlangt ist auch eine Lagegeometrie, nach Hennis: die Sache der politischen Wissenschaft, die von Thukydides' Geschichtswerk zum ‚Peloponnesischen Krieg' in der Neuzeit über Machiavelli zu Hobbes oder Max Weber führt.

Machiavelli mag als der Denker des Politischen gelten, der der Gelegenheit und den Wechselfällen des Glücks für die Formierung politischen Handelns am konsequentesten Rechnung getragen hat. Seine Lagebestimmung entwarf er als Exilierter, aus der bäuerlichen Lebensform von San Casciano, wo er, der nach der Diktatur Savonarolas „Segretario della Republica", Gesandter in Frankreich, gewesen ist und nach der Rückkehr der Medici gestürzt und all seiner Ämter enthoben wurde und die rurale Lebensweise mit der Distanz nehmenden Reflexion auf das verbindet, was in den politischen Dingen Bestand hat und was vergeht.

Alle Ordnung ist, wie Machiavelli aus seiner geschichtlichen Erfahrung weiß, ephemer. Auch der Grundsatz ‚Pacta sunt servanda' unterliegt Einschränkungen. Darin mag man ein exaktes Gegenbild zu dem von Kant benannten Übergang zwischen Rechts- und Tugendlehre erkennen. Machiavelli sah indessen, was in Phasen des balancierten Staatensystems leicht verkannt wurde: dass Neutralität im strenge Sinn kaum möglich ist. Der Bürgerkrieg bietet Anschauungsmaterial, das diese Enthegung plastisch vor Augen führt. Im Dezember 1514 rät Machiavelli seinen Klienten: „Die Neutralität, die ich von vielen billigen zu hören glaubte, kann mir nicht gefallen. Ich erinnere mich nicht, das sie weder in den Begebenheiten, die ich gesehen, noch in denen, die ich gelesen, jemals gut gewesen wäre, vielmehr ist sie immer verderblich gewesen, weil man gewiss verliert [...]. Mir scheint, dass Neutralbleiben zwischen zwei Kriegführenden nichts anderes heißt als sicher gehasst und gering geschätzt zu werden".

Machiavelli fasst in seinen wirbelnden Zeitläuften die Fähigkeit, Krieg führen zu können, als eine kratische Frage auf. Dauerhafte Ordnung, gehe sie vom Kaiser aus oder vom Papst, ist Machiavelli obsolet, weshalb ihm zufolge stets die Beurteilung der Lage die Wahl des Imperativs leitet. Was in einem Fall richtig ist, kann in einem anderen falsch sein; die nämliche Handlung, die dem einen gut ansteht, wird dem anderen zum Verhängnis. Machiavelli hat die Tugend (virtù) in einen veränderten Symbolzusammenhang gerückt. Er kennt nicht mehr, wie die ikonographische Tradition, das stoisch epikureische Tugendbild der ihren langen Faden spinnenden Tugend und der in den Weisheitsspiegel blickenden Fortuna. Eine männliche Virtù, in der Gestalt des Herakles symbolisiert, züchtigt vielmehr das untreue Weib Fortuna. Bemerkenswert für das Grundverhältnis von Krise und Stabilität ist es daher, dass Machiavelli dem Lehrstück von den Herrschaftsformen ein eigentümliches Profil gibt: er geht mit Platon von einer Deszendenz aus, die mit zunehmender Prosperität einhergeht und nimmt einen Umschlagspunkt an, an dem – in Tyrannis oder Anarchie – die Misere offenkundig wird und wieder innere Disziplin erfordert.

So schrieb der Denker, der alles politische Handeln und Leben (vivere politico) in den Strudel der wechselnden Zeiten einbezogen sah und wohl darin besonders aktuell ist, der zudem den Vorrang der Republik vor der Monarchie darin erkannte, dass „die Republik [...] sich bei der verschiedenen Veranlagung ihrer Bürger besser den verschiedenen Zeitverhältnissen anpassen (könne) als ein Alleinherrscher. Denn ein Mensch der an eine bestimmte Art zu handeln gewöhnt ist, ändert sich nie [...] und muss, wenn die verschiedenen Zeitverhältnisse zu seinen Methoden nicht mehr passen, notwendig scheitern".

Hier setzt die weitere moderne Umdeutung des Fortuna-Topos ein. Das Leben läuft nicht auf einem Schicksalsrad ab, der Kluge hat mit einer Vielzahl von Rädern zu operieren, und, wenn das Glück ihm gewogen ist, vermag er je nach den Zeitumständen (qualità de tempi) zwischen ihnen zu wechseln. Fortuna ist indes eine undurchschaubare mythologische Macht, die ihre Gewalt dorthin lenkt, wo diese durch keinen Damm noch Deich zurückgehalten wird. „Das beste Los erhält von allen, wer sich ein Rad nimmt nach Fortunas Willen. Denn stimmt die Leidenschaft, die dich zum Handeln treibt, mit ihrem Willen überein, so bist du glücklich, wo nicht, so ist dein Unglück dir gewiss. Doch auch selbst dann kannst du nicht auf sie bauen. Denn während du gestiegen zu des Rades Rücken, das gerade glücklich war und gut, verändert sie mitten im Laufe die Richtung. Doch du kannst nimmer ändern die Natur und die Neigungen. Wenn man dies begriffe und bemerkte, so wäre der stets glücklich, der von Rad zu Rade überspringen könnte."

Dieser Sprung von Rad zu Rad ist offensichtlich eine Metapher für politische Bewegungen und Gegenbewegungen in Zeiten, in denen die Gleichgewichtskunst noch nicht oder nicht mehr existiert, weil das Zufallsspiel der Mächte ohne Gegenhalt entfesselt ist. Für Machiavelli war das Gleichgewichtssystem der italienischen Teilstaaten, das sich nach dem Frieden von Lodi (1454) herausgebildet hatte, allenfalls von außen gehalten. Es leistete französischen und spanischen Interventionen, aber auch der Willkür päpstlicher ‚potestas indirecta' Vorschub. Demgegenüber setzt er auf nationalstaatliche Hegemonie, die der Macht keine permanente Ordnung aufprägen könne. Machiavelli hält, ein Kontinuum, das ihn mit Kant verbindet, an der Vielheit der Staaten fest. Es werden „desto mehr große Männer aufstehen, je zahlreicher die Staaten sind". In Großreichen hingegen sei das Verlöschen der Tapferkeit und Erschlaffung begünstigt.

Eine Balance zwischen den Staaten kann Rahmenbedingungen setzen, der günstige Augenblick entzieht sich aber allem Regulativ.

Davon spricht eines der Sinngedichte Machiavellis, das an die ‚Gelegenheit' (opportunità) gerichtet ist: „Wer bist du?... Warum stehst du nicht still? Warum hast du Flügel an den Füßen...? Ich bin die Gelegenheit, wenigen bekannt, und die Ursache, dass ich mich immer bewege, ist, weil ich den Fuß auf einem Rade halte [...]. Meine zerstreuten Haare sind nach vorn gewendet, mit ihnen bedecke ich Brust und Angesicht, damit mich niemand erkennt, wenn ich komme. Am Hinterhaupte bin ich kahl. Darum bemüht man sich vergeblich, wenn ich vorübergezogen bin oder mich abwandte. – Sage mir, wer ist die, die mit dir kommt? – Es ist die Reue. Darum merke und begreife: wer mich nicht zu ergreifen versteht, den fasst jene. Und du, während du redend die Zeit verschwendest, beschäftigt mit eitlen Gedanken, siehst Armer nicht, und begreifst nicht, wie ich dir aus den Händen geflohen bin".

Dem entspricht eine von der Teleologie des guten Lebens abgetrennte Anthropologie, die es zweifelhaft macht, ob das ‚krumme Holz' der Humanität überhaupt einzuhegen und auf einen Ordnungssinn einzustimmen ist. Das menschliche Unglück ist der Ausgangspunkt von Machiavellis Lehre vom Menschen, die Analyse der nicht zu hemmenden Ambizione, menschlichen Ehrgeizes, ergänzt sie. In Machiavellis Dichtung ‚L'Asino Doro' wird in einem Gespräch zwischen einem der in Schweine verwandelten Odysseus-Gefährten und einem Besucher aus menschlicher Begrenztheit die Spur menschlicher Größe benannt: „Es gibt kein Wesen, es gibt kein Tier, das ein so zerbrechliches Leben hätte als der Mensch. Bedenke nun, wie kannst du wollen, dass ich wieder ein Mensch werden soll, da ich von diesem Elend befreit bin, das ich ertrug, solange ich ein Mensch war".

Ganz ohne Zusammenhang mit der Grundlegung der abendländischen Philosophie bei Platon ist dies freilich nicht. Begriff Platon doch in seinem Spätdialog ‚Timaios' den Zustand der Krankheit und des Übels als die eigentliche Normalität, die Heilung als Rückführung in einen Urzustand, der aber niemals vorfindlich ist, so dass es durchaus eine platonische Einsicht ist, dass Sinn jeweils nur von der Erfahrung des Sinnentzugs und fundamentaler Unordnung erreicht werden kann.

An anderer Stelle lässt Machiavelli die Götter, in prägnanter Gegenbildlichkeit zu der in der Renaissance-Philosophie weit verbreiteten Lehre vom Menschen als ‚anderem Gott', sagen: „Wir haben dich weder als einen Himmlischen noch als einen Unsterblichen geschaffen, damit du als dein eigener, vollkommen frei und ehrenhalber schaltender Bildhauer und Dichter dir selbst die Form bestimmst, in der du zu leben wünschst". Damit tritt das fundamental-anthropologische und metaphysische Grundproblem, das Klugheitserwägungen über das Verhältnis von Krieg und Frieden, Macht und Gewalt, noch vorausgeht, ans Licht. Die Szene kann man in einer anderen klassisch gewordenen Lagebestimmung vorgezeichnet sehen, dem wohl nicht von Thukydides' Hand stammenden Einschub in seinem Geschichtswerk über die aufständische Stadt Kerkyra: „Und bei der Verwirrung des Lebens im damaligen Staat, da kein Gesetz mehr band, konnte die menschliche Natur, die auch gegen das Gesetz gern sündigt, unbekümmert zeigen, wie sie des Zornes nicht Meister ist, des Rechtes Verächterin und Feindin jedes Höhergestellten – sie hätten ja doch nicht die Rache über die fromme Scheu gesetzt und Gewinn über Rechtlichkeit, besäße nicht so verderbliche Kraft der Neid" (Thukydides III, 84).

Max Weber hat diese und andere Lagepunktierungen des Thukydides als Exempla begriffen. Sie bleiben im Zeitalter der kulturellen Kristallisation, die sich durch die ‚Arbeit am Begriff' nicht mehr erfassen lassen.

Wir kommen damit wieder zum Ausgangspunkt, der fundamentalen politischen und ontologischen Relation von Macht und Gewalt zurück. Max Müller, an dessen nachgelassenen Notizen zum Problemzusammenhang noch einmal zu erinnern ist, weist darauf hin, dass Macht ein ‚An-sich-halten' in sich schließt, nach der Aussage des Heiligen Thomas (actio est in passio). Besonders aufschlussreich ist die Rückführung des ontologischen Grundsinnes von Macht und Gewalt auf die Aristotelische Substanzenlehre. Müller legt die Real-differenz von ‚Essentia' (Was-Sein) und ‚Existentia' (Dass-Sein) als ontologische Matrix des Unterschiedes zwischen Macht und Gewalt frei: „Die 1. Substanz, das *to de ti* ist das Seiende und seine Gewalt. Das *to ti en einai* als 2. Substanz ist das Wesen als *Macht* als Sein. In der Macht sind die Bedingungen der Möglichkeit enthalten, dass etwas wirklich werde." Macht ist ein Können, worin aber eine Verpflichtung liegt, eine Obligation dazu, etwas Dauerhaftes hervorzubringen. Gewalt dagegen ist in fundamentaler Differenz dazu, reine, sich verbrauchende, verfließende Faktizität. „Das Seiende *to gignómeonon* wirkt mit Gewalt aufeinander", hält Müller fest; und er fügt hinzu: „Gewalt ist Tatsache, Vollzug, *energeia*", sie schließt keine an sich haltenden Möglichkeiten ein, vielmehr ist sie Konsumption, die Möglichkeiten weitgehend verbraucht. Daher ist die Ausbildung von ‚Macht' eng mit dem ältesten Wort für das Sein korreliert: als dessen, was von Anfang und alters her gewesen ist (*to ti en einai*) bei Aristoteles bzw. bei Platon des *ontos on*, dem in einem höheren Sinn die Würde des ‚ist'-Prädikates zukommt, als dem Seienden.

Daraus kann die Folgerung gezogen werden, dass die Gewalt, obgleich sie Tatsachen ‚setzt', weniger ‚wirklich' ist, als ein ‚verhaltenes' Sein, das Möglichkeit in sich enthält.
Die zugrundeliegende aristotelische Ontologie ist aber im Sinn von Müller nicht dualistisch verfasst, sondern in einer Dreiteilung: *to on légetai katà dýnamin kai enérgeian kai érgon* (Met. 1051a34f). Dabei bedeutet das ‚ist' im strengen Sinn „immer die Einheit" der drei, es bezeichnet ein ontologisches Band. Die dauerhafte Hervorbringung oder Stiftung des ‚Werkes' des Friedens soll so verfasst sein, dass es die Gewalt in sich aufnimmt und zur Ruhe bringt, aber nicht ‚tot' ist wie die

Hervorbringungen eines Herstellungsaktes, sondern die Möglichkeit (dynamis) weiterer Hervorbringungen impliziert.

Es ist offensichtlich, dass der Gesamtraum der Kultur und Humanität auf Macht, nicht auf Gewalt gegründet sein muss. Von besonderem Gewicht ist es, dass die Grundeinsichten der Ethik als Spezifizierungen der Macht, als des Möglich-Seins (im Sinn der Schrift ‚De Poss-Est' des Cusanus) aufgefasst werden können. „Das Gewissen hat die Macht der dauernden Beunruhigung über uns. Es übt aber keine Gewalt aus"; oder Autorität, der Müllers politisch-philosophisches Nachdenken in besonderer Weise gilt, ist „Sichtbarkeit einer Macht, die (sich) ohne Gewalt durchsetzt;" und deren Verlust ein Verlust von Wirklichkeit, eine Aushöhlung der Gestalt einer Gesellschaft ist. Müllers Text bleibt darauf eingeschränkt, Symbole als „Macht ohne Gewalt" Gesetzen, die „jeweils den Gebrauch, die Ausübung der Gewalt" regeln, gegenüberstellen. Für die Urstiftung von Gesetzen, des Dauerhaftesten, das im politischen Verständigungsvorgang entsteht, muss freilich dann selbst gelten, dass sie aus einer geordneten und geregelten Macht, nicht aus Gewalt, hervorgehen.

Man kann daran erinnern, dass derselbe Max Müller einer philosophisch kaum beachteten Manifestations- und Konstitutionsform der Macht eine Studie widmete, dem ‚Kompromiss'. An der Wahrheit orientierte, also nicht ‚faule', immer schon unterhöhlte, ihrer selbst nicht mächtige Kompromiss-Findung ist „Identitätsgestaltung aus der Differenz-Situation heraus. Sie erfordert, wie Müller eindringlich zeigt, ein Gleichgewicht zwischen Freiheit und Bindung, die nur in einem ‚gemeinsamen'

Geist ins Werk gesetzt werden können. Dies verlangt aber auch einen ‚sensus historis', ein gefestigtes Wissen um die eigene Geschichtlichkeit, das ‚inmitten der Zeit' standhält, das fundamental von einem missverstandenen, vulgären, nämlich: relativierenden Scheinhistorismus zu unterscheiden bleibt.

Dass aus jener Identitäts-Differenz-Struktur des Kompromisses der zeitliche Friede in dieser Welt entsteht, der gerade in Übergangszeiten immer fragil bleibt und doch wesentlich anderes sein kann und muss als ein bloßer Waffenstillstand, scheint offensichtlich. Jene Macht des Kompromisses, die wahre Kunst des Staatsmannes, ist gänzlich unterschieden von einem geschichtsenthobenen universalen Konsens, der die andere Position in jakobinischer Selbstgerichtsbarkeit auflöst: aus diesem Geist ist eine Diskursethik und eine ‚Politik ohne Alternative', deren verheerende Folgen heute allgemein offensichtlich zu werden scheinen.

Globalität und ‚Low intensity wars'

I.
Der neue Krieg hat ein anderes Gesicht als man es kennt. Man spricht von „Low intensity wars". Genauer gesagt geht es um Intensitäten, die nicht geballt, sondern weithin gestreut sind. Ein Schlüssel zum Verständnis dieser veränderten Kriegsformen sind die Asymmetrien der neuartigen Kriege, die nicht mehr erklärt, sondern durch einzelne Irritationen und Terrorakte ausgelöst werden. Die Entfesselung und die Nähe zur unstrukturierten Gewalt kennzeichnet die neue Kriegsform. Damit verbindet sich die Schwierigkeit, einen asymmetrischen

Krieg überhaupt zu hegen. Die Figur des Partisanen ist seit der Epoche der Großen Revolutionen Inbegriff dieses neuen Kriegsbegriffs.

Er agiert im Zwischenbereich von Terrorist und regulärem Soldat. Der Kombattantenstatus und die Unterscheidung von Front und Zivilität verschmelzen damit bis zur Ununterscheidbarkeit.

Die neue Form des Kriegs nannte man zeitweise leicht verniedlichend auch „La Petite Guerre". Die Irregularität ist dabei das erste Charakteristikum. Che Guevara oder auch Mao sehen darin lediglich eine Übergangsgestalt und identifizieren den Partisanen mit dem Revolutionär. ‚Der Waldgänger' wird für Ernst Jünger zur geradezu mythologischen Figur. Er leistet Widerstand und wird zur Gegenmacht der weltstaatlichen Organisation. „Der Waldgänger ist der konkrete Einzelne, der handelt im konkreten Fall."

Der global agierende Partisan verliert, wie wir schon sahen, seine Verortung. Dies bedeutet umgekehrt, dass seine Aggressivität zunimmt. „Er wird verheizt und um alles betrogen, wofür er den Kampf aufnahm und worin der tellurische Charakter, die Legitimität seiner partisanischen Irregularität verwurzelt war".

II.
Die neuen Kriege sind entstaatlicht. Söldner und Warlords, lokale Kriegsherren, die aber über beträchtliche Potentiale verfügen können, dominieren. Dies erinnert weniger an den neuzeitlichen Krieg, als vielmehr an die Condottieri des 15. und 16. Jahrhunderts. Empörender Begleitumstand sind die Kindersoldaten, deren Zahl im Einsatz für das Jahr 2005 auf 300.000 weltweit geschätzt wurde.

Die Verstaatlichung des Krieges lässt sich von hier her rückblickend als eine der großen Veränderungen in der Sozialdisziplinierung der Neuzeit zwischen dem 15. und dem 17. Jahrhundert erkennen. Hugo Grotius hatte mit der Souveränität die Monopolstellung des Staates in der Erklärung von Krieg und Frieden verbunden. Damit endet die Verpflichtung des Kriegsmannes zur Selbstausrüstung. Schwere Artillerie unterlag künftig staatlicher Kontrolle. Damit war aber auch die Disziplinierung des Fußvolkes unerlässlich. Stehende Heere verursachen hohe Kosten. Doch dies war der Preis einer neuen Sicherheit. Nicht alles, was dem Soldaten zufällt, ist eo ipso seine Beute.

Mit dem langwährenden Abnutzungskrieg, der Kriegswirtschaft, die alle Bereiche von Wirtschaft und Gesellschaft mit einbezieht, dem nolens volens „totalisierten Krieg" tritt die Deregulierung wieder auf den Plan.

Der Luftkrieg war einerseits Verlängerung der Logik des Seekriegs mit anderen Mitteln, Ausgriff in das unbefestigte und nicht beanspruchte Territorium. Er bedeutete aber auch ein völliges Novum, den „indirect approach", mit der Möglichkeit, den Gegner in dessen „weichem Unterleib" zu treffen. Churchill hatte dies schon im Ersten Weltkrieg als Britische Konzeption definiert. Der Luftkrieg musste auf die Stärkung des Heeres gestützt sein. Denn er setzte auf Attacke und Angriff und bedurfte daher der Stabilisierung

Die Hegung des Krieges war in der Neuzeit wesentlich von der Souveränität und der nationalen Staatlichkeit abhängig gewesen. Das ‚postnationale' Paradigma löst sich aus dem nationalen Gehäuse. Es kennt aber fürs erste noch nicht den ewigen Frieden. Dominierend sind vielmehr Großräume und die unkonturierten Grenzlinien eines europäischen oder weltweiten Bürgerkriegs. Wenn solche Metamorphosen des Kriegs spukartig an uns vorbeiziehen, scheint es an der Zeit, nach der historischen Genese des Verhältnisses von Krieg und Frieden zu fragen.

VIERTES KAPITEL: RÜCKBLICKE

Die antike Konzeption einer Unvermeidbarkeit des Krieges und der eschatologische Traum vom ewigen Frieden

I.
Der Sachzusammenhang, der in der Platonischen Rechtslehre verhandelt wird, entfaltet ein Problem, den das bei Thukydides überlieferte Gespräch zwischen den athenischen Gesandten und dem Rat der Melier vorzeichnet: es umkreist die Frage nach dem Ursprung der Gerechtigkeit zwischen gleich Mächtigen und damit nach dem Verhältnis zwischen der politisch militärischen Macht und der verbindlichen Anerkennung zwischen Staaten. Das Gespräch gehört zu den bei Thukydides vielfach und mit großer Sorgfalt berichteten uneingelösten Möglichkeiten eines rechtsförmigen Friedensschlusses zwischen griechischen Poleis – steht doch von vornherein der Ausgang fest, dass ein Friede zwischen Meliern und Athen nicht erreicht werden soll. Es fällt

unmittelbar ins Auge, dass die Athener eine Darlegungsweise wählen, die dem Sokratischen Elenchos verwandt ist, und nicht den großen affekthaften Reden, die an das Volk appellieren. Die Gesandten fordern den melischen Rat dazu auf, in jedem einzelnen Punkt zu widersprechen, sofern ihnen dies angemessen erscheint (V, 85, 1). Die Melier anerkennen die Milde Athens (86, 1), sehen sie aber durch offenkundige kriegerische Veranstaltungen konterkariert. Ihr Blick richtet sich durchgehend pro-gnostisch auf den Ausgang der machtpolitischen Konfrontation, wodurch der Rechts- und der Machtstandpunkt ineinander übergehen (86, 1). Diese Voraussicht wird von den Athenern kritisiert, da sie sich zu weit von der Kriegssituation entfernt. Sie kann nur zu Vermutungen (hyponoías) führen und lässt streng genommen ‚nichts' erkennen. Sie ist sogar der Meinung (doxa) unterlegen. Die Athener verzichten auf den Vortrag ‚schöner', doch unglaubhafter Reden und begrenzen sich auf den präzise herausgearbeiteten Rechtsstandpunkt, „da ihr so gut wisst wie wir, dass im menschlichen Verhältnis Recht gilt bei Gleichheit der Kräfte, doch das Mögliche der Überlegene durchsetzt, der Schwache hinnimmt" (V, 89).

Der Rechtsstandpunkt setzt demnach eine Homologie der Kräfte voraus, während ihn ein jedes Machtgefälle in Zweifel zu ziehen versucht. Die Melier interpretieren diese Überlegung in einer unstatthaften, einseitigen Weise, wenn sie anmerken, dass bei den Athenern „statt vom Recht" (tò dikaion) nur von Vorteil (tò xymphéron) die Rede sei (90). Sie führen ihrerseits mit der Kategorie der ‚Billigkeit' einen nicht-gesetzesförmigen Rechtsgrundsatz ein, der das Machtgefälle ausgleichen und die Sphäre der Rechtsgeltung erweitern soll. Ihrer Annahme (nomizomen) zufolge wäre es nützlich (chrésimon), „wenn ihr nicht aufheben würdet, was jetzt allen zugute kommt: dass, wer je in Gefahr ist, immer noch hoffen darf, mit Gründen der Billigkeit (eikóta díkaia), auch außerhalb des strengsten Maßes (akribous) Gehör zu finden zu seinem Gewinn" (90). Von großer Bedeutung für die Kennzeichnung der widerstreitenden Auffassungen ist es, dass sich die Athener nicht auf die wiederum prophylaktische Überlegung der Melier einlassen. Billigkeit müssten sie parteilos, also auch für den Fall zugestehen, dass sie einmal fallen würden und dann ihrerseits Opfer von Racheakten werden können. Doch das würden sie nicht tun. Ihre Ablehnung wird von den attischen Gesandten mit einer Unterscheidung zwischen dem scheinbar und in Wahrheit Schrecklichen zurückgewiesen. Es ist nicht eigentlich schrecklich beherrscht zu werden; schrecklich ist vielmehr der Aufstand (stásis) im Inneren der Polis (91, 2).

Die ‚Unterordnung', die die Athener den Meliern als Voraussetzung einer Friedensordnung vorschlagen, unterscheidet sich vom Verständnis desselben Begriffs durch die andere Seite. Bedeutet im melischen Sinn die Unterordnung Unterwerfung, so bezeichnet sie in der Rede der Athener ‚Eingliederung' in einen Ordnungszusammenhang. Die rechtliche Ordnung soll im strengen Sinn jenseits der Differenz von Freundschaft und Feindschaft angesetzt werden. Der melische Rat überhört den springenden Punkt; dass nämlich der attische Rechtsstandpunkt einen Ausgleich der machtpolitischen Differenzen signalisiert und dazu führen würde, dass sie als ‚gleich mächtig' behandelt werden.

Obgleich die Athener in der Zwiesprache Machtüberlegungen nicht vollständig ausklammern (V, 97), halten sie fest, dass der Rechtsstandpunkt nicht relativ ist; ein Mehr oder Weniger an Macht modifiziert ihn nicht. Entgegen der Einlassung der Melier, sind Recht oder Macht nicht gegeneinander aufzuwiegende Gesichtspunkte. Dies zeigt sich am Probierstein der Frage, was im gegebenen Fall geboten wäre, wenn nach Maßgabe der Ehre gehandelt würde. Ein ‚besonnenes Überlegen' (sophronos bouléuesthe) müsste den Meliern nahelegen, ihre Ehre nicht in einem duellartigen Kampf von gleich zu gleich verteidigen zu wollen, sondern sie in Selbsterhaltung gegenüber dem ‚weitaus Stärkeren' zu bewahren. Das prognostische Scheinwissen (epistámestha) der Melier lässt sich aber auf eine solche Besinnung nicht ein. Es leitet sich aus Erwartungen und Hoffnungen (elpis) (103, 1) her, die auf unzulänglicher Beschreibung und Kenntnis der eigenen Lage beruhen und durch Orakelsprüche genährt werden (103, 2).

Die Athener treffen deshalb im Blick auf das Verhalten der Melier eine wichtige Unterscheidung: als Trösterin in der Gefahr sei die Hoffnung nicht schädlich, sie stiftet aber Unheil, wenn alles auf die Waagschale des Ungewissen gelegt wird. Eine solche einseitige Hoffnung geht stets davon aus, dass sich die Umstände in einer Weise weiter entwickeln würden, wie sie aus der Vergangenheit bekannt ist, während dagegen die beiseite tretende Überlegung damit rechnet, dass sich das Übergewicht in den Imponderabilien des Kampfes auch wenden könnte.

An diesem Punkt zeichnet sich zwischen den Athenern und den Meliern die grundlegende Differenz in der Beurteilung des überpositiven Grundes des Rechts ab: Während die Melier das Göttliche mit dem wechselnden Geschick (týche) gleichsetzen, und Rechtlichkeit an das

Freund-Feind-Verhältnis knüpfen (vgl. V, 104), binden die Athener die ‚göttliche Gunst'(105, 1) an die Vermutung: „dass alles Menschenwesen allezeit nach dem Zwang seiner Natur, soweit es Macht hat, herrscht" (105, 2). Diese ‚naturhafte' Verhaltensweise ist ein ‚Gesetz', das weder von den Athenern noch sonst einer Macht ‚gesetzt', sondern ihnen allen überkommen ist. Indem an diesem Punkt von der ‚ewigen Geltung' jenes Gesetzes die Rede ist, die nicht begründet, sondern hingenommen wird, binden sich die Athener an den Nomos. Sie verstehen ihn, wie dies in der politischen Philosophie zwischen Solon und Platon vielfach bezeugt ist, von seiner „göttlichen Herkunft" her.

Damit ist in der Rede der Athener eine scharfe Abgrenzung verbunden. Sie verläuft zwischen Recht und Gesetz einerseits und der Gewalt anderseits und sie enthält die Forderung, die Berufung auf die göttlichen Dinge von allen konkreten Bündniserwägungen strikt zu trennen. Die Melier hatten die göttliche Gunst und die Widerfahrnisse des Schicksals mit dem zu erwartenden Bündnisverhalten Spartas in einen Zusammenhang gebracht (104, 106); ein ‚Kinderglaube', den der Grundsatz der attischen Gesandten korrigiert. Dabei wird, was für die Genealogie der Auflösung rechtlicher Bindung in Thukydides' Geschichtswerk nicht ohne Bedeutung ist, die Umkehrung des Bedeutungssinnes eines Wortes gerade den Spartanern angelastet; ein Grundzug des bürgerkriegsähnlichen Aufruhrs (Stasis), die in den attischen ‚Dissoi Logoi' seit dem 5. Jahrhundert vielfach bezeugt ist. „Kein Volk, das wir kennen, erklärt so unverhohlen, wie sie das Angenehme für schön und das Zuträgliche für gerecht (ta de exymphéronta díkaia) halten. Eine solche Haltung ist jedoch dem Unverstand (alógou) eurer jetzigen Rettungshoffnung nicht günstig" (105, 4).

Dies legt eine doppelte Schlussfolgerung nahe: Einerseits warnen die Athener die Melier davor, in einer gegebenen Konfrontation auf die Vernünftigkeit der anderen Seite, auch eines potentiellen Verbündeten wie Spartas, zu setzen, und dadurch ihrer unbegründeten Hoffnung den Anschein der Vernünftigkeit zu geben, wodurch sich die Täuschung weiter steigern würde. Auch die Neigung, auf die ‚Ehre' der anderen Seite zu setzen, fällt unter das gleiche Verdikt. Andrerseits halten die Athener dem melischen Rat die Vernünftigkeit der Lakedaimonier vor Augen; eine Logik der Macht, die aber den Interessen der Melier in keiner Weise entgegenkommen. Dieser nicht der inneren Einsicht und ebenso wenig dem Recht gemäßen, sondern ausschließlich kratischen Erwägung zufolge, findet „der zur Hilfe Aufgebotene nicht in der Zuneigung der Hilfeheischenden, sondern wo eine tatsächliche und überragende Macht ist" (109, 1), Unterstützung. Die Freilegung der kratischen, auf Macht orientierten Dimension berührt sich in der attischen Rede mit der Analyse lakedaimonischer ‚Dissoi Logoi.' Im Sinne der Wahrscheinlichkeit lässt sich ein Grundsatz angeben, demzufolge sich die Spartaner künftig verhalten dürften: sie werden den Nutzen (das xymphéron) mit ihrer eigenen Sicherheit (asphaleias) (107) verbinden. Das Gerechte und Schöne (to dè díkaion kaì kalòn), das gefährlich und insofern unter Menschen selten ist, werden sie, anders als die Melier hoffen, nicht wagen. Damit ist auf eine ‚Gefährlichkeit' hingewiesen, die entsteht, wenn im Blick auf die unwandelbare Rechtlichkeit Macht-Erwägungen außer Kraft gesetzt werden. Indem sie bemerken, dass sie selbst „noch nie irgendeine

Belagerung aus Furcht vor Dritten abgebrochen haben" (111, 1), machen sie sich den Gesichtspunkt selbst zu eigen, der sich Macht- und Bündniserwägungen entzieht. Er ist unabdingbar, wenn das Rechtsgesetz derart mächtig werden soll, dass es die politischen Kräfte und Gegenkräfte einhegt.

Die Athener begreifen die Prognose als eine nur „gehoffte Zukunft" (111, 2). Dies sei, bemerkt Thukydides abschließend, ihr ‚stärkstes' Argument, das sich mit der scheinhaften Auffassung von ihrer Ehre vermischt, und sie in der Befürchtung einer Schmach „mit der Gewalt eines Zauberspruches" hinreißen lässt. Durch den bloßen Anschein eines Wortes ist diese Auffassung zu ‚überwinden'. Sie ist weder logos-fähig noch in der Lage, sich selbst zu erhalten.
Der Rechtsgesichtspunkt der Athener führt zu dem Angebot an die Melier, dass sie sich bei faktischer militärischer Unterlegenheit doch als gleichgewichtige Macht etablieren könnten. Sie sollten, bei einer gründlichen (Selbst-)Beratschlagung, die sie bislang offensichtlich nicht angestellt haben (111, 3), sich hüten „und nichts Unwürdiges darin finden, einer so mächtigen Stadt zu unterliegen, die so maßvolle Bedingungen vorschlägt: Ihr würdet Verbündete (xymmáchous), behieltet, was ihr besitzt, hättet die Steuer zu entrichten – müsst also nicht bei der euch gewährten Wahl zwischen Krieg und Sicherheit mit aller Gewalt euer Unglück erkämpfen" (111, 4). Dies würde ihrer Politik eine rechtliche Form geben, so dass sie ihresgleichen nicht nachgeben, dem nach Gesichtspunkten der Macht Stärkeren in Würde begegnen und den Schwächeren gegenüber Maß halten könnten (111, 4 f.). Der

Entschluss, der auf die vernunftgemäße Beratung folgen müsste, kann – so besiegeln die Athener ihr Ansinnen – ‚treffen oder nicht treffen', was dem ‚einen Vaterland' der Melier nützlich ist (111, 5). Erst in einer von den Nötigungen der Lage Abstand nehmenden Beratschlagung wird sich dieses Rechtsverhältnis zeigen. Die Melier unterbreiten indes den Athenern ein Gegenangebot, ohne sich irgendwie auf jene Selbst-Beratung und -Befragung eingelassen zu haben. Ihre Überlegung bleibt im vorrechtlichen Bereich einer macht-politischen Neutralität, die Freundschaft mit den Athenern mit Selbstneutralisierung zur verbinden sucht; was sie damit begründen, dass dies unter den gegebenen Umständen und im Vorgriff auf die Zukunft am zweckmäßigsten scheine. „Unser Vorschlag ist, dass wir euch freund (phíloi) sind, keiner Partei feind, dass ihr unser Land verlasst und wir einen Vertrag schließen, wie er zweckmäßig scheinen mag uns beiden" (112, 3). Ein solcher Vertrag hätte offensichtlich nicht die Bindekraft eines Bündnisses, da er von der Lage, in der er geschlossen wurde, und von Vorteilsüberlegungen abhängig wäre. Als die Athener die Zwiesprache mit den Meliern abbrechen, wiederholen sie die Vorhaltung an die andere Seite. Diese meine, von ihrer Hoffnung geblendet, zukünftige Situationen klarer zu sehen als das, was offen vor Augen liegt; dies ist ein unhaltbarer Irrtum, der an den Wechselfällen der ereigneten Zeit zerbrechen muss und dessen Aufklärung und Kritik sich auch das Platonische Dialogwerk auf der Linie vom zweiten Teil der ‚Politeia' über den ‚Timaios' und die ‚Nomoi' zuwenden wird.

Die Beurteilung der melisch-athenischen Auseinandersetzung vor dem Hintergrund der Situation des sechzehnten Jahres im Peloponnesischen Krieg im Sommer 416 ist Sache althistorischer Forschung. Deshalb soll an dieser Stelle nicht entschieden werden, ob die Rede der Athener politisch wahrhaftig ist oder in verkehrter, nämlich kratischer Weise das Richtige sagt und die Moral funktionell einsetzt. Die Problematik der begründenden Auffindung des Rechtes unter gleich Mächtigen, dass Macht Differenzen ausgleichen und dadurch einen dauerhaften Frieden einrichten kann, verweist indes von Thukydides' Geschichtswerk zum Kern Sokratischen Philosophierens; der Bindung des Philosophen an die Polis aufgrund seiner ausgezeichneten Stellung zum Gesetz und der Spannung der ortlosen Sokratischen Lebensform mit den Lebensweisen (Bioi) der Polis. Eine Unhintergehbarkeit. Dies konnte man auch vordergründig in die ‚polemos'-Struktur bei Heraklit hineinlesen. Der ‚Widerstreit' ist die eigentliche Kraftquelle für Harmonie.

Im Zusammenhang damit wird der Bürgerkrieg im Inneren als die schlimmste und heilloseste Form des Krieges begriffen. Ein Friede, der über diesen Ausgleich hinausgeht, scheint für das Denken, das exemplarisch bei Thukydides zutage tritt, nicht vorstellbar – oder in der Form der Hegemonie eines Tyrannen.

II.
Hier klafft offensichtlich eine Differenz zwischen „Athen" und „Jerusalem". Die alttestamentarische Prophetie nimmt sehr wohl den ‚ewigen Frieden' in den Blick. Er ist ihr *Ziel der Geschichte*. Wenn man die Reihe von Ezechiel und Jesaja über die Bergpredigt und das verheißene Eschaton der Johannesapokalypse zieht (Joh. 21), so wird eine unbegrenzte Friedenserwartung

sichtbar. Es ist freilich immer wieder betont worden, dass auch im Sinn einer christlichen Ethik dieser Friede nicht schon in der Diesseitigkeit unmittelbar anbrechen wird. Dieses *Telos des Friedens* indessen konnte und wollte die griechische Kultur so nicht sehen. Und mit ihr diejenigen nicht, die in der griechischen Kultur den Inbegriff des Edlen und der Formkraft Europas sahen. Die griechische Bestimmung der Ordnung (Taxis) ist nicht möglich ohne den von Nietzsche und Burckhardt wiederholt beschworenen Agon: „Immer der Erste sein und vorzustreben den Anderen". Auch der Tugendbegriff, areté, der ja keineswegs zuerst moralisch zu verstehen ist, eröffnet ein agonales Feld. Und selbst das Miteinanderreden formt sich im Widerstreit. Das ‚logon didonai', die Rechenschaft, die zu fordern ist, war nicht zuletzt ein Wettstreit. Auch wenn man die diabolischen Bedingungen, die die Sophisten definiert hatten, nicht akzeptierte, diese Konkurrenz blieb, in der auf unerwartete Weise Sokrates den Sieg davontrug. Einzig in der inneren Handlung der philosophischen Polis – in ihr aber durchaus – ging er über die agonale Dimension hinaus. Sokrates überzeugt nicht nur, er befriedet auch seine Gegner.

In Ansätzen hatte schon Winckelmann und hatte dann eben Nietzsche diesen Grundzug als drittes Moment griechischer Kultur ans Licht gebracht: das erste ist ein Leiden am Wesen der Welt, das zweite die Kraft, dem Form und Fassung zu geben, zumal in der attischen Tragödie. Eine Befriedung kann letztlich nur interimistisch gelingen. Homer beschwört in seiner epischen Welt in ‚Ilias' und ‚Odyssee' den „Promachos", den Vorkämpfer als Urbild des Helden. Zu einem solchen kann auch ein nicht-adeliger Bauer werden. Dann manifestiert sich in ihm das Ideal der Aristokratie. Auch die Römer folgten diesem Ideal, in dem zum rhetorischen der militärische Glanz kommen sollte: „Wohlberedt in Worten und rüstig in Taten..."

Dabei weiß schon die heroische Epik durchaus um das Schreckliche des Kampfes. Es bildet sich ein bewusster Wille aus, ohne den es nach Bruno Snell kein Selbst gäbe. Dies (phren), die Grundform von phronesis, erkundet das Schreckliche. Odysseus (Ilias XI. Gesang) tritt in ein Selbstgespräch mit sich über die Frage ein, ob er im Zweifel lieber sterben sollte oder fliehen. Tapferkeit (andreia) zeigt sich schon im Epos nicht einfach als Einwohnung des Affektes.

Die Verblendung (até), die zur „hamartia", der „schuldlosen Schuld" eine enge Affinität aufweist, und Hybris liegen in diesem agonal kriegerischen Ausgangspunkt besonders nahe. Wie anders, wenn der Mensch mit Göttern kämpft und die agonale Leidenschaft auch die Götter gegenüber dem Menschen erfasst. Über Göttern und Menschen verhängt Tyche ihr ehernes Gesetz. Ehre (time) und Ruhm (kleos) müssen immer wieder neu erworben werden.

Achills Rückzug nach der Kränkung durch Agamemnon zeigt, dass er die Maßstäbe seines Handelns verloren hat. Er wünscht den Griechen sogar Unglück. Erst der Tod des Freundes Patroklos, der im Kampf untergeht, lässt ihn zur Besinnung kommen.

Resignation ist diesen Heroen nicht fremd. Hass, Maßlosigkeit kommen vor, zugleich aber immer wieder die Selbstermächtigung zum Kampf und zur Disziplin. „Gleichwie Blätter im Walde, so sind die Geschlechter der Menschen. Siehe die einen verweht der Wind" (Ilias VI). Themis und Dike setzen ihr Recht in diesem

gefährdenden und gefährdeten Zusammenhang und nicht in einer friedlichen politischen Gesetzgebung. Hier ist der Dichter Theognis aus dem 6. Jahrhundert hervorzuheben, der dort, wo der Agon erschlafft, Dekadenz erkennt. Die Unterscheidung von Guten und Schlechten, Edlen und Gemeinen werde unterlaufen.
Es fehle im Volk an Pistis, Verlässlichkeit und Treue.
Die bloße Geldherrschaft ist die Vorform einer Herrschaft des Pöbels in all seiner zerstörerischen Niedrigkeit. Die Kindererziehung in Sparta sollte dazu ein Gegengewicht schaffen. Die ‚Eirenen' beaufsichtigten und kontrollierten, anders als ihr Name will, diese agonale Fähigkeit. Mit zwanzig Jahren kamen die jungen Männer ins Heer, mit dreißig in Männerhäuser und Volksversammlung. Homoerotische Verbindungen schufen einen besonders legendären Verband, in dem jeder für jeden einstand. „Zitterer" wurden mit rigidem Spott bedacht.
Militärische Leistungen werden überdimensional gewichtet und in der Lyrik evozierend gerühmt.
Anders als Athen, tauchte Sparta nicht in die Ungründe und Abgründe ein. Die Form der Tragödie ist in Sparta unbekannt. Auch auf den Vasenmalereien werden die Heroen verewigt.

Doch die lyrische Evokation ist keineswegs linear. Pindar schuf um 520 seine Dichtung zur Rühmung der Sieger in Schlacht und bei den Olympiaden. Er verbindet ein im Grunde trauerndes Vergeblichkeits- und Verschwendungsbewusstsein mit dem heroischen Gestus: „Eintagswesen, was ist ein Jemand? Was ein Niemand? Schattens Traum ist der Mensch. Aber wenn Glanz kommt, gottgegeben, ist strahlendes Licht auf den

Männern und versöhnt das Leben". „Es trennt die ganz verschiedene Macht Menschen und Götter/Aber: in etwas kommen wir dennoch, sei es im Großen Geist, sei es im Wuchs, den Unsterblichen nahe. Ob wir auch gleich am Tage nicht wissen und nicht über die Nächte hin, nach welcher Richtschnur uns das Schicksal zulaufen vorschreibt." Pindar hat eine Ahnung von dem Eschaton, an dem sich Krieg und Frieden klären werden. Erst am Ende der Zeit werde die Wahrheit ans Licht kommen. Ein großer Friedenszustand liegt aber nicht in seiner Perspektive.

Mit der Kriegstopik verbindet sich das Verhältnis des Eigenen und Fremden. Die griechische Geschichtsschreibung verdichtet, verbunden mit dem Verweis auf Augen- und Ohrenzeugenschaft (opsis, akoue), die Aitiologie der Perserkriege mit einer grundlegenden Differenz zwischen Orient und Hellas, zwischen griechischer und persischer Lebensweise. Die Griechen seien an die Weisheit und ein verinnerlichtes strenges Gesetz (nomon ischyron) gebunden. „Über ihnen steht das Gesetz als Herr (despotes nomos), das sie vielmehr fürchten als deine Untertanen dich". Dies unterscheide sie von der Willkür des persischen Großkönigs. Armut versus Reichtum, große versus kleine Zahl der Truppen: all das macht den Unterschied nicht aus.
Freies Wort und der heroische Kampf sind also im griechischen Selbstverständnis die beiden zwei Seiten einer Medaille. Herodot weiß vor allem um die Gefahr der Hybris. Er nimmt an der Tragödie Maß. Er beobachtet aber auch, was später Platon wiederholen wird, dass viele Tyrannen durchkommen und ein zumindest vordergründig glückliches Leben haben. Das

Glück und das Gut-sein entziehen sich gleichermaßen der moralischen Fixierung. Dies führt noch nicht zu einer Evokation des Friedens. Doch findet man auch bei Herodot schon die Einsicht, dass eine gemeinsame Kette Athen und Sparta miteinander verbindet.

Immerhin war schon im Homerischen Epos der Schrecken des Krieges klar benannt worden. In der ‚Ilias' tadelt Agamemnon Achill (Achill, das Vieh, wie ihn Christa nannte): „Wahrlich, du bist mir verhasst vor allen erleuchteten Herrschern/Immer hast du den Zank nur geliebt und Krieg und Getümmel". Der schlechte, verderbliche, mörderische Krieg wird als „Mauernzertrümmrer" ins Gedächtnis eingeschworen, damit er künftig vermieden werden könne. „Immer hast du den Zank doch geliebt und Kampf und Befehdung". Geschichtsschreiber wissen indes auch, was Tacitus in seiner ‚Germania' beschwören wird, dass der Friede nur für eine begrenzte Zeit von einem Volk ertragen wird. „Wenn der Stamm, in dem sie geboren wurden, in langer Friedens- und Ruhezeit träge wird, dann suchen viele vornehme junge Leute von sich aus die Völker auf, die gerade irgendeinen Krieg führen, denn einerseits ist dem Menschenschlag Ruhe unangenehm, und leichter werden sie in gefährlichen Situationen berühmt; auch wird man ein großes Gefolge nur mit Gewalttätigkeiten und Kriegen zusammenhalten[...]. Die Mittel für Freigebigkeit werden durch Kriege und Raubzüge erworben; die Erde zu pflügen oder die Ernte eines Jahres abzuwarten, wird man sie nicht leichter überzeugen können wie den Feind herauszufordern und sich Wunden zu verdienen. Ja, als faul und träge gilt es, mit Schweiß erwerben zu wollen, was man nur mit Blut gewinnen kann".

Thukydides schreibt die Taten und die Worte über sie, die mehr zählen als die Taten, in eine tieferliegende Aitiologie ein. Dafür bietet der Peloponnesische Krieg vielfache Anhaltspunkte. Thukydides geht weit über den Augenschein und die Erfahrungen aus dem Hörensagen hinaus. Zwischen dem äußeren Anlass (prophasis) und der tieferen Ursache (aitia) trennt der Historiker strikt. Er will wissen, was das bleibende Gedächtnis, das KTEMA EIS AEI, ist, ein Begriff, der später von Aristoteles aufgenommen werden wird: Der Mensch - immer der gleiche wie er war und immer sein wird – und solange er sich nicht ändert: auch kein dauerhafter Friede? Dies wird noch der Dreh- und Angelpunkt der Machtanalyse von Jacob Burckhardt sein. Wer als Historiker das Vergangene begreifen will, muss aber wie ein Arzt fragen, was aus diesem unbegrenzten Machtstreben resultiert. Jedenfalls, die Begierde stiftet immer den größten Schaden und die Hoffnung. Nur die Erwartung großer Schrecken, vor allem die Furcht vor dem Tode kann die per se ungezähmte Leidenschaft und den Zorn (orgé) in Schach halten.

Macht hat Thukydides in ihrer Universalität betont und analysiert. Sie kann sich nur immanent, aus den Fließgleichgewichten von Macht und Gegenmacht, balancieren. Demgegenüber sei das Recht, obwohl Thukydides es in seiner göttlichen Herkunft würdigt, nur im Zustand der Isonomie überhaupt in der Lage, die Machtstrukturen einzudämmen.

Dies lehren seinerzeit auch die Sophisten in ähnlicher Weise. Die nüchternen Schilderungen des Thukydides sind zugleich abschreckende Warnungen vor den Folgen der Unüberlegtheit, zu der die Hybris veranlassen kann. Das Scheitern der Mächtigen und der Bürgerkrieg als grenzenlose Form des Krieges ruft er an den Beispielen des Peloponnesischen Krieges immer wieder wach. In Kerkyra, dem heutigen Korfu, tritt die zerstörerische Macht besonders hervor. Movens ist die „Pleonexia", das Mehrhabenwollen, das noch in Platons Auseinandersetzung mit der Sophistik die machtvolle Gegeninstanz gegen die Ordnung ist. Daneben kennt Thukydides auch die Ruhmsucht, philotimia. „Unbedachtes Losträumen galt nun als Tapferkeit und gute Kameradschaft, aber vorausdenkendes Zögern als aufgeschmückte Feigheit, Sittlichkeit als Deckmantel einer ängstlichen Natur, Klugsein bei jedem Ding als Schlaffheit zu jeder Tat; tolle Hitze rechnete man als männliche Art, behutsames Weiterberaten aber als ein schönes Wort zur Verbrämung der Feigheit." Der ‚Epitaphios', die von Thukydides berichtete Gefallenenrede des Perikles setzt das neue Ideal einer Einheit von agonaler und politischer Kraft an. Die dynamis muss sich selbst eine Form geben, damit sie nicht zur nackten Gewalt (bias) wird.

Athen feiert sich selbst als Stadt der Isonomie, die Vortrefflichkeit nicht nur duldet, sondern sogar fordert. Dies bedeutet eine Einheit oder zumindest Vereinbarkeit der Gegensätze, die dadurch selbst erst zur Entfaltung kommen, wohingegen Sparta aus der Sicht der attischen Historiker einseitig sei und nur Askese und Tapferkeit kannte. Autarkie bedeutet diese Einheit der Gegensätze, die auch in der Schönheit erscheint.

Der imperiale Ausgriff Athens findet vor diesem Hintergrund die Billigung. „Im Bösen und im Guten" hätten die Griechen sich ihre Denkmäler errichtet, ein außer-moralischer Gesichtspunkt im Sinne Nietzsches. Thukydides setzt dem Perikles, den er, anders als Platon, durchaus als idealtypischen Staatsmann anerkennt, das

Epitaph: „Solange er die Stadt leitete im Frieden, führte er sie mit Mäßigung und erhielt ihre Sicherheit[...]. Er hatte ihnen gesagt, sie sollten sich nicht zersplittern, die Flotte ausbauen, ihr Reich nicht vergrößern während des Krieges und die Stadt nicht aufs Spiel setzen. Sie aber taten von allem das Gegenteil."
Der schon einmal evozierte Melierdialog (V, 85-113) bringt die Nachtseite der Macht aber explizit zum Ausdruck. Die Bürger der lakedaimonischen Kolonie Melos berufen sich auf den Schutz der Götter und das Schicksal. Athen weist alle diese archaischen Insinuierungen zurück. Es folgt selbst einer reinen, gnaden- und grenzenlosen Machtlogik. Eine starke Polis müsse sich weiter ausdehnen, sonst zeige sie Schwäche. Schwäche sei es auch, Neutralität anzuerkennen; auch bei den Göttern herrsche der Mächtigere. Das Recht mag an Gleichheit gebunden sein. Doch darin zeigt sich eben seine Schwäche. „Wir glauben nämlich vermutungsweise, dass das Göttliche, ganz gewiss aber, dass alles Menschenwesen allezeit nach dem Zwang seiner Natur, soweit es Macht hat, herrscht. Wir haben dies Gesetz weder gegeben noch ein vorgegebenes zuerst befolgt, als gültig überkamen wir es und zu ewiger Geltung werden wir es hinterlassen, denn wir wissen, dass auch ihr und jeder Dritte, der zur selben Macht gelangt wäre wie wir, ebenso handeln würde".
Der Sophist Kallikles hat sich dezidiert auf das Recht des Stärkeren berufen. Ist dies noch ein „Recht" oder wird alle „Rechtlichkeit" dabei aufgehoben? Nietzsche hat Richtiges getroffen, wenn er den Melierdialog als Einblick in die Abgründe der griechischen Welt verstand, als Sichtbarwerden ihres Gorgo-Medusa-Hauptes und als Entschleierung der von Platon und Aristoteles diskret

erinnerten Wahrheit, dass der Mensch zu allem imstande sei, nur nicht zum friedlichen Miteinander-Leben. Deshalb blieb ein dauerhafter Friedenszustand zwischen den Poleis aus. Aber auch in den Poleis kommt er nicht zustande.

Die nutzlose Vergeudung bester Kräfte im Krieg wird von Thukydides warnend ausgemalt. Damit wird das innere Maß der Stärke verlassen. Dies sieht Thukydides in der nachperikleischen Periode kulminieren. „Das Hören der Taten und Worte" ist ohne Halt. Die Gegensätze fallen auseinander. Es gibt keinen „guten Rat" (euboulia) mehr. Der Demagoge Kleon sagt stellvertretend für andere, „dass ein Staat mit schlechteren aber unverbrüchlichen Gesetzen stärker ist als mit guten, die nicht gelten, dass Einfalt mit Disziplin weiter hilft [...] und dass schlichtere Menschen den Staat im allgemeinen besser regieren."

Das Machtregime wurde nicht nur behauptet. Es wurde realisiert. Die Männer von Melos wurden alle getötet, die Frauen in die Sklaverei verkauft. Doch diese Hybris, die die auswägende Rechtskraft verloren hatte, sollte sich rächen. Der Bericht geht bei Thukydides der Darstellung der attischen Katastrophe voraus.

Der Tyrann Alkibiades, „von sich selbst groß denkend", war in seiner Vielgeschäftigkeit (polypragmosyne) und seinem Wagemut (tolmé) der exemplarische Menschentypos der neuen Unordnung. Alkibiades hat im Platonischen ‚Symposion' als selbst ernannter Geliebter des Sokrates in seiner Rede sich selbst porträtiert. Der historische Alkibiades setzt sich im Redestreit gegen Nikias durch; nicht zuletzt mit den Worten. „Es sei doch kein Unrecht, wenn einer von sich selbst groß denke, sich nicht allen gleichstelle". Dies kommentiert die Geschichtsschreibung mit dem Begriff der „Paranomia", der Widerrechtlichkeit. Die stolze Flotte fährt aus, nach langen Jahren und einem quälenden Krieg kommt es zur Kapitulation. Sie zieht Aufruhr (die gefürchtete stasis) nach sich und die Auflösung der Einheit der Stadt.

Heraklit hatte den ‚Polemos' als Weltprinzip anders gedacht sehen wollen, nämlich als höchste Ordnungsinstanz des Kosmos; und, ähnlich wie bei Homer „Zeus als der Vater aller Dinge" evoziert worden war, so ist es nun eben der Krieg selbst, der keine göttliche Realisierung mehr über sich braucht. „Krieg: Die einen erweist er als Götter, die anderen als Menschen, die einen lässt er Sklaven werden, die anderen Freie".

Der Vater der Dinge ist aber zugleich deren Zerstörer. Ein kosmischer Streit der Kräfte ist es, aus dem nach Heraklit ‚diké' und ‚nomos' hervorgehen. Nietzsche nahm dies im Bild von der „Unschuld des Werdens" auf, das auf das göttliche spielende Kind (‚pais paizon') zielt. Man muss freilich wissen, dass dies auch ein schreckliches Bild ist, jedenfalls eines, das im außer-moralischen Sinne zu nehmen ist. Denn das Kind schafft und zerstört. „Zu wissen aber tut not: Der Krieg führt zusammen und ‚diké' ist Streit". Die ‚diké' umfasst sogar den Umlauf der Sonne. Auch Helios würde von den Erinnyen bestraft, wenn sie sie finden könnten.

III.

Platon sieht die Tapferkeit in seinen frühen Dialogen näher als Unterscheidungswissen über das, was schrecklich ist, im Verhältnis zu jenem, was es nicht ist. Die Tapferkeit (andreia) kann in Konflikt mit der Besonnenheit (sophrosyne) geraten. Er machte deshalb klar, dass der Begriff der idealen Stadt, die nur im Friedenszustand gezeichnet wird, unzureichend ist. Deshalb die Selbstrevision im V. Buch der ‚Politeia' und die notwendige Erweiterung auf eine Polis in Bewegung und Aufruhr.

Die Kinder sollten zu Zuschauern des Krieges werden, damit sie nicht zurückweichen. Man soll sie zwar nicht in unnütze Gefahr bringen, so heißt es in Politeia V im Zusammenhang der Reflexion über die Polis in Bewegung. Mit dem Krieg ist die Ehre verbunden, die auch nach dem Tod für die Tapferen bestimmt ist, während diejenigen, die für feige und untauglich befunden wurden, nichts von Ehre gewinnen. Doch Ehre kann nicht die letzte Instanz sein. „Und scheint es nicht unedel und habsüchtig, einen Toten zu berauben und zeugt von weibischer und kleinlicher Denkart, den Leib des Toten für das Feindselige zu halten... Lassen wir also ab von dem Plündern der Toten und dem Verhindern der Begräbnisse."

Mit der Fähigkeit zur Distinktion zwischen Freund und Feind wird sodann die elementarste Form der philosophischen Natur verbunden, die Platon bekanntlich die ‚hündische' (kynische) Natur nennt. Sie besteht, wie er Sokrates sagen lässt, darin, das Eigene und das Fremde unterscheiden zu können. Doch die umfassende Tugend, wie sie an der Gerechtigkeit sichtbar und sinnfällig ist, reicht weiter als der Unterschied zwischen Hellenen und Barbaren – ein starker Einwand gegen Carl Schmitts Konzeption, das Freund-Feind-Verhältnis als das eigentliche und genuine politische Verhältnis zu deuten.

Auch Platons später Dialog, die ‚Nomoi', die nicht auf die ‚Idee des Guten', sondern das „mögliche Beste" zielen, kümmern sich um die Regulierung des Verhaltens im Krieg (942 c-d). Niemand müsse glauben, jemals ohne Befehl und Gehorsam existieren zu können, dekretiert der Athener. Verweigerung des Kriegsdienstes und Preisgabe der eigenen Waffen bedeute in jedem Fall Ehrlosigkeit und rigide Ahndung. Wer sich dieser Vergehen schuldig machen würde, dürfe nur noch eingeschränkt Bürger der Polis sein.

Die Zerstörungsmacht des Krieges, vor allem des Bürgerkrieges, der große Reiche in die Vernichtung reißen kann, wird aber zugleich als Warnzeichen gegenüber der Hybris aufgerichtet.

Der Panhellenismus nach der Zeit Alexanders stiftete dann einen anderen Bund, als er aus der gemeinsamen attischen Kultur hervorgegangen wäre. Nietzsche hatte beklagt, dass sich eine allen Griechen gemeinsame Kunst der Tragödie niemals ausgebildet habe. Dahinter steht seine tiefe Beobachtung, die Griechen seien deshalb zu einem gemeinsamen Frieden (koine eiréné) nicht imstande gewesen, weil sie kein gemeinsames Wissen um das verhängte Schicksal gehabt hatten. Die Einigung kam deshalb von außen, von dem Makedonen Philipp, dem Vater Alexanders, der sich als ‚Euergetes' feiern ließ und als monarchischer Vorsteher der Eintracht, prostates tes homonoias, firmierte. Den Gegenzug setzt Demosthenes: Nicht dieser Friede des Siegers könne bindend sein. Athen sei vielmehr durch seine Eigenheit und Eigenart Verteidigerin der Interessen aller Griechen.

In der dritten Demosthenesrede wird Philipp gar ein „Schurke aus Makedonien, wo man früher nicht einmal brauchbare Sklaven kaufen konnte", genannt. Der Schwung dieser Reden, die fordern, die günstige Tyché zu ergreifen, wendet sich gegen die Aggressionspolitik, die mit Philipp eingezogen sei und aus der kein angemessener Friede kommen könne.

Die Oikoumene im Alexanderreich kennt das Ideal der „Homonoia", der Eintracht, die als Gegengewicht gegen die lebendige Strittigkeit der alten attischen Demokratie ins Feld geführt wird. Die Bilanz bleibt ambivalent: Alexanders Großreich, das sich in die Nachfolge der persischen Könige einreiht, hat eine Verschmelzungs- und Legitimationskraft, die die vielspältige Poliswelt, dieses politische ‚Hen diaphoron heauto' mit seinen lebendigen Konfliktlinien niemals aufwies. Es war aber der Friede einer Übermacht und nicht auf Logos und Freiheit begründet.

IV.

Die Weisheit des Alten Bundes hat eine weitergehende Zielperspektive. Der eschatologisch pazifizierende christliche Anspruch widerspricht der scheinbar unhintergehbaren Vergeltungslogik. Schon beim Propheten Jesaja ist die Sicht auf einen dauerhaften eschatologischen Frieden vorbereitet. Der Gottesknecht und ‚Menschensohn', der erwartete Messias, werde friedlich herrschen und sich dadurch von aller anderen Herrschaft unterscheiden. „Er spricht Recht im Streit der Völker, er weist viele Nationen zurecht. Dann schmieden sie Pflugscharen aus ihren Schwertern und Winzermesser aus ihren Lanzen" (Jes 2, 4.).

Vergils vierte Ekloge rief um die Zeit von Christi Geburt ebenfalls und sehr ungewöhnlich für die römische Zeittopologie einen „Novus Ordo saeculorum" aus, verbunden mit der zu erwartenden Geburt eines Kindes. Mensch und Welt sollten durch dieses Ereignis, beim Propheten ebenso wie bei dem Dichter, fundamental verwandelt werden. Jesaja brachte dies in starke Bilder: Der Wolf liegt beim Lamm, der Panther beim Böcklein, Kalb und Löwe wohnen zusammen. Für das menschliche Zusammenleben bedarf es keiner Mauern, keiner Tore und Riegel mehr.

Gott sammelt ein großes Heer, das am Ende den Frieden bringen wird. Gemeint ist hier nicht, wie in unterschiedlichen innerweltlichen Deutungen des „Armageddon", ein Endkampf des Guten gegen das Böse, sondern die neuartige Verwandlung der Welt durch und aus Gott.

Das Gut des Friedens ist derart groß, dass auch im Bereich der irdischen und vergänglichen Dinge nichts sehnlicher begehrt und letztlich nichts Besseres gefunden werden kann.

Diese Erwartung wird auch zum Grund der christlichen Hoffnung des Reiches Gottes, das am Ende der Zeiten, von Gott heraufgeführt, den ewigen Frieden der vollendeten ‚Basileia tou theou' alles in allem sein lässt. Über jene ‚Civitas Dei', die innerweltlich nur in Verbindung mit der ‚Civitas terrena' und sogar deren Aberration in die ‚Civitas Diaboli' existiert, bemerkt Augustin: „Wenn der Tod in den Sieg verschlungen sein wird, dann wird es diese Dinge nicht mehr geben, es wird Friede sein, voller ewiger Friede. Wir werden in einer Art Stadt sein." Damit verbindet sich die Aussicht auf Brüderlichkeit und eine Friedfertigkeit, die Augustinus als Gottähnlichkeit des Menschen versteht, in deutlichem Unterschied zu dem agonalen Selbstverständnis der griechischen Kultur. Das „Gesetz der Glieder" bleibt agonal, auf Divergenz und Abgrenzung bezogen. Das „Gesetz des Geistes" stiftet die übergreifende Ordnung und Harmonie.

Doch bevor dieser Zustand erreicht sein wird, wird, wie Augustinus lehrt, das Fleisch wiederholt gegen den Geist revoltieren. Es bedarf der „Metanoia", denn aus sich heraus wird der Mensch durch Lüge und Sünde bestimmt.

Im neunzehnten Buch seiner monumentalen Geschichtstheologie ‚De civitate Dei' artikuliert Augustinus die Trauer darüber, dass ‚gerechte Kriege' notwendig sind. Nicht-gerechten Kriegen ist die Legitimierung entzogen. Doch selbst die gerechten Kriege signalisieren einen tiefen Mangel und ein Ungenügen. Kriege, so sehr sie nach ethischer Kasuistik als vertretbar konditioniert werden mögen, sind letztlich doch Indizien von Aufruhr (stasis), dem „äußersten Übel". Dem steht der Augustinische Begriff des ‚Ordo' gegenüber, der „Quies tranquilitas", die bei Gott selbst verankert ist und auf die Liebe (amor) hin orientiert ist. Sie zieht ein Schwergewicht (pondus) nach sich, das an den zugehörigen Ort bringt. Dieser Ort wäre im ersten und im letzten der *Friede in Gott*.

Friede wird daher umfassend in der Augustinischen Friedenstafel dekliniert. Umschrieben ist er der „ewige Sabbat", von dem der in der Welt existierende Friede nur ein schwaches Abbild ist.

Augustinus führt damit in den eschatologischen Endzustand einer Harmonie, die nicht mehr einzig aufgrund der Differenz konstituiert ist, wie in Heraklits PALINTONOS HARMONIA, bzw. PALINTROPOS HARMONIA.

Eine proleptische, schon im Diesseits zu realisierende Wirkung dieser Friedenslehre ist, dass es zum republikanisch demokratischen Habitus gehören wird, den Waffen nicht das letzte Wort zu lassen, auch deshalb nicht, weil ihr Klirren das Schweigen der Musen bedeutet. Iustitia darf republikanisch nicht einfach als Machtlosigkeit gedacht werden. Sie ist der Markstein, der die Welt begrenzt und an dem die Waffen abgelegt werden sollten.

Immer wieder greift Augustinus auf die römische Reichsidee zurück. Hier ist vor allem Vergil zu nennen. Seine ‚Aeneis' ist das Epos der Größe und des Aufstiegs von Rom: eines Aufstiegs, dem keine Grenze gesetzt sein sollte. „Diesen setzte ich weder in Raum noch Zeit eine Grenze/Endlos Reich habe ich ihnen verliehen". Das Epos steht unter den Auspizien einer Politischen Theologie. Jupiter hatte die Römer gesegnet. Alles, was sie tun, ist daher von ihm gewollt. Deshalb erhält Aeneas den Beinamen Pius, der Fromme.

Die Frage des gerechten Kriegs ist hier noch innerhalb der Differenz von Freund und Feind entscheidbar. Denn die Feinde sind allesamt vertragsbrüchig und übel. Mit der Ausnahme von Karthago.

Vergils Evokation des „göttlichen Kindes" in Augustinischer Zeit könnte diese Vorstellung aufsprengen. Hier deutet sich ein Neubeginn der Weltalter an. Eine Beeinflussung durch den jüdischen Messianismus ist nicht zu belegen, aber auch nicht zu bestreiten. „Von selbst werden milchstrotzende Euter die Ziegen heimtragen und die Herden den gewaltigen Löwen nicht fürchten müssen". Die Rückkehr zur römischen ‚virtus' und zu der Ehre (honores) gilt aber als unabdingbar dafür, dass ein seliges, goldenes Zeitalter wiederkehrt.

Die altorientalische Topik des Knaben und sein Lächeln unmittelbar nach der Geburt, auch die wundersame

Geburt von einer Jungfrau werden auch von den Römern als Indiz dafür verstanden, dass die unverletzte Gerechtigkeit wiederkehren wird.

Wie hatte die römische Staatsphilosophie die Zusammenhänge von Krieg und Frieden gesehen? Cicreo hat in seiner wohl gewichtigsten Staatsschrift, dem Werk ‚De re publica' in einem den imperialen Ausgriff und das republikanische Staatswesen legitimiert und verständlich gemacht. „Das Gemeinwesen ist die Sache des Volkes, ein Volk aber nicht jede irgendwie zusammengescharte Ansammlung von Menschen, sondern eine Menge, die in der Anerkennung des Rechts und der Gemeinsamkeit des Nutzens vereinigt ist." Der Platonische Idealstaat wird auf den römischen Realstaat hin umgezeichnet. Cicero tut dies mit größtem Selbstbewusstsein. Platon habe lediglich eine Idee vor Augen gehabt. Rom habe sie hingegen *realisiert.* Dagegen konnten die Einwände des Sophisten Karneades nicht bestehen: die Römer sollten die Weisheit zurückgeben, die sie sich unrechtmäßigerweise angeeignet hätten. Zugleich verwies derselbe Karneades auf ein umfassendes Naturrecht, das er aus der Bedürftigkeit des Menschen ableitet. Der ist „ein Mängelwesen, mit nacktem, zerbrechlichem und schwachem Körper; aber doch einer Seele, in der gleichsam verschüttet ein göttliches Feuer des Geistes und des Sinnes wohnt". Das aber zieht die Maxime nach sich: „für das Menschengeschlecht sorgen, einem jeden das Seine geben, Heiliges, Staatliches, Fremdes nicht anzurühren".

Die aus römischer Zeit stammende, vielerzählte Legende von Alexander und dem Seeräuber lässt dennoch Zweifel zu, ob zwischen Macht und Gewalt überhaupt zu unterscheiden ist. Alexander fragt den Seeräuber, was ihn ins Recht setze. Der antwortet, er sei von derselben Legitimität, von der der Herrscher die Eroberung des Erdkreises herleite.

Dagegen ist nur ein Einwand möglich, der von der Geltung der ‚lex aeterna' und ‚lex divina' abhängt. „Das wahre Gesetz der richtigen Vernunft (lex aeterna): einzig, ewig, unveränderlich", so wird es mit ehern erhabenen Lettern bezeichnet. Gott ist der Herr dieses Gesetzes. Rom habe nur gerechte Kriege geführt, zur Verteidigung der Bundesgenossen. Hier zeichnet sich erstmals die Grundkontur einer Lehre vom gerechten Krieg und vom „iustus hostis" ab, sicher das Gegenbild zum Extrembegriff vom totalen Feind, den die entfesselten Kriege der Moderne evozieren sollten. Der, der den gerechten Krieg führt, ist ein „Fides", der zu unterscheiden ist vom Verbrecher. Und es ist die iusta causa, die fordert, den Krieg förmlich zu erklären.

Die große Friedensvision, die auch eine PAX ROMANA ist, eine Weltvision, ging bei Augustus mit dem eigenen Schicksal und der All-Ordnung zusammen – Lebenszeit und Weltzeit konvergierten.

Polybios (200-120 v. Chr.), der große griechische Geschichtsschreiber der Römer, beschwor die Einheit des römischen Weltreichs und der Oikoumene.

Caesar suchte nicht nach solchen letzten Legitimierungen, er rechtfertigte als sein eigener Historiograph post festum den Gallischen Krieg, den er siegreich geführt hatte. Dies ist Programm und Rechtfertigungsschrift, Indiz eines bellizistischen Willens, der die Kriegshandlungen nicht hegen, sondern ausweiten will.

Post factum erwartet Caesar jene Zustimmung, die dem Mächtigen gebührt. Eine völkerrechtliche Hegung, gar ein Verdikt gegen den Expansiv- und Angriffskrieg stand nicht zu erwarten. Ähnliches wiederholte sich im Bürgerkrieg. Er war als Privatmann nach Rom zurückgekehrt. Im Januar 49 v. Chr. erklärt Caesar dann den Notstand. Er stürzt gleichsam das eigene Volk in die innere Entzweiung. Als Legitimation reicht die Berufung auf seine eigene Ehre und Würde. Sie sei für ihn das höchste aller Ziele gewesen, mehr wiegend selbst als das Leben.
Clementia Caesaris und Liberalitas werden beschworen. Es ist aber ein Friede, der nur auf Kosten der Erniedrigung des Gegners wirksam werden kann. Die Milde ist Begnadigung ohne Rechtsanspruch. Der jüngere Cato beging in dieser Situation Selbstmord und bewahrte zugleich seine Haltung: „Gnade zu erbitten, ziemt sich für Überwundene und Verbrecher. Ich bin nicht nur in meinem ganzen Leben unbesiegt geblieben, sondern ich siege auch jetzt und behalte durch gute und gerechte Taten die Oberhand gegen Caesar".
Das berühmte und hochgradig überbelastete „dulce et decorum est pro patria mori" von Horaz hat neben dem Heraklitischen Wort Generationen von Gymnasiasten darauf vorbereitet, zum Kanonenfutter zu werden. Die necessitas mortis, die unmittelbar in den Ruhm des Helden übergeht, wurde Teil einer zweifelhaften humanistischen Bildung. Wenn man dem Horazischen Text nachgeht, so unterscheidet er sich erkennbar von seiner Rezeption. Horaz bezichtigt sich, wohl zutreffend, selbst der Flucht vor den Waffen. Sein Gedicht ist also eine Ersatzhandlung. Der gerade 17jährige Abiturient Bert Brecht schreibt zu dem Klassiker-Satz in seinem

Besinnungsaufsatz: „Der Ausspruch [...] kann nur als Zweckpropaganda gewertet werden. Der Abschied vom Leben fällt immer schwer. Nur Hohlköpfe können die Eitelkeit so weit treiben, von einem leichten Sprung durch das dunkle Tor zu reden [...] tritt der Knochenmann aber an sie heran, so nehmen sie den Schild auf den Rücken und entwetzen, wie des Imperators feiner Hofnarr". Dies war seinerzeit selbst befreiend klug und couragiert. Möglicherweise hatte Brecht aber die Ironie im Text überlesen. Und welche Macht hatte seine Einrede gegen wilde Knaben-phantasien davon, heroisch und bedeutend werden zu können.

Frieden im mittelalterlichen Ordo: Konstellationen des Mittelalters

I.
Der Friedenskatalog des Aurelius Augustinus bleibt ein bewegendes Zeugnis christlichen Friedensdenkens. Er ist ein Zeugnis großer Schönheit und Wahrhaftigkeit, das nichts mit der von Militärs immer wieder beargwöhnten christlichen Naivität zu tun hat.
Das höchste Gut sei der ewige Friede, lehrt Augustinus wie mit einer Fanfare am Beginn des XIX. Buches eines ‚Gottesstaats'. Die antike Philosophie habe 288 unterschiedliche Lehrmeinungen über die Glückseligkeit (beatitudo) verbreitet. Dies sei bei allem Scharfsinn ein Wirrwarr, der nur von der Perspektive auf den ewigen Frieden her zu lösen sei.

Geschichte begreift Augustinus als Universalgeschichte, in der Heils- und Weltgeschichte ineinander verschlungen sind. Für ihn gibt es kein innerweltliches Reich, das als höchster Sachwalter des Sinnes der Geschichte firmieren könnte.

Der Glanz des ewigen Friedens fällt nur stückweise und damit gebrochen in den Bereich der irdischen Welt. Streben nach Frieden und Streben nach Gemeinschaft lassen die Universalität jenes Friedens erahnen: „So wie es niemanden gibt, der sich nicht freuen will, gibt es auch niemanden, der nicht den Frieden wünscht".

Vom Frieden als ‚ordinata concordia' werden sich die Herren dieser Welt aber nur begrenzt bestimmen lassen, „soweit es der Schutz der Frömmigkeit und der Religion zulässt." Die Entsprechung zwischen irdischem und himmlischem Frieden, die Augustinus das erste Mal in einer großen Parallele umreißt, überschreitet freilich diesen begrenzten Blickpunkt.

Eine solche Spiegelung ist neu. Neuartig nimmt sich aber auch die Skepsis von Augustinus über menschliche Friedensfähigkeit aus. Die Belastung der Diesseitigkeit durch Sünde und Schuld verkennt er keineswegs. Der irdische Frieden kann deshalb niemals definitiv den Krieg ausschließen. Der bleibt aber Ordnungsstörung und Krankheit. Deshalb bedarf es, ähnlich wie im mosaischen Gesetz um der „Herzen Härtigkeit willen" der Bellumiustum- Lehre. Da jeder Konflikt in diesem Sinne einer „causa iusta" bedarf, schließt Augustinus Gewaltliebe, rachsüchtige Grausamkeit und unversöhnliche Feindschaft als gerechte Kriegsursache aus.

In der christlichen Anthropologie der Erbsünde ist die düstere realistische Anthropologie von Thomas Hobbes schon vorbereitet, die in dem Satz vom Menschen gipfelt, der dem Menschen ein Wolf ist („Homo homini lupus"). Gier, Neid und Furcht begreift Hobbes geradezu als die bestimmenden Motivationen menschlichen Handelns. Militärs, die den Krieg kannten und zumeist, besser als Zivilpersonen, um seine Schrecklichkeit wussten, haben Hobbes bestätigt. So schreibt Moltke in einem berühmten Brief an den Schweizer Historiker Bluntschli, der ein Buch ‚Les Lois de la Guerre sur la terre' für eine letztendliche Pazifizierung verfasst hatte: „Der ewige Friede ist ein Traum, und nicht mal ein schöner, und der Krieg ein Glied in Gottes Weltordnung. In ihm entfalten sich die edelsten Tugenden des Menschen, Mut und Entsagung, Pflichttreue und Opferwilligkeit mit Einsetzung des Lebens." Bereits Mirabeau kam auf dem Höhepunkt der Französischen Revolution zu einem ähnlichen Ergebnis: „Der ewige Friede ist ein Traum – und zwar ein gefährlicher Traum".

Der christliche Friede spiegelt sich in der politischen Theologie und Philosophie des Mittelalters wieder. Er wird aber von Ideologie der beiden Instanzen, die das Imperium Romanum beerbten, überlagert: dem Papsttum und dem Kaisertum.
Marsilius von Padua hat in seiner Schrift ‚Defensor Pacis' im 14. Jahrhundert eine umfassende christliche Friedenskonzeption entwickelt. Er zielt auf den Frieden, der sich im „ewigen Leben" einstellen wird, geht freilich vom „menschlichen Gesetz" aus, das durch menschliche Gesetzgeber fundiert ist. Der „legislator humanus" muss seiner „valencior pars" folgen, dem „stärkeren Teil".
Marsilius hat betont, dass die Staatsgewalt geeint sein müsse. Souveränität firmiert dabei als Frieden stiftende

Macht. Die christliche Monarchie kann zumindest einen Vorblick auf den himmlischen, ewigen Frieden eröffnen.

Marsilius weiß, dass dies nur zu gewinnen ist, wenn ‚Regnum' und ‚Sacerdotium' nicht in Widerstreit zueinander geraten. Die Politik und die Gesetzgebung sind menschliche Angelegenheiten. Dies bedeutet im Sinn des „Mein Reich ist nicht von dieser Welt" von Jesus Christus auch, dass eine direkte Zwangsgewalt (eine vis coactiva) im Bereich der Kirche ausgeschlossen sein soll.

Seelenärzte sollen die Priester und Theologen sein, nicht aber sich in die Dinge dieser Welt einschalten und einmischen.

Erasmus von Rotterdam wird dieses Bild des Friedens humanistisch erweitern und nicht mehr als Christen-, sondern als universale Menschenpflicht verstehen. Der innere Friede ist für Marsilius das zentrale Problem. Wäre er doch die höchste Zielsetzung der menschlichen Gemeinschaft. Tranquilitas im Sinne von Ruhe und Abwesenheit von Streit gilt als gleichbedeutend mit dem Frieden.

Die Unabhängigkeit der weltlichen gegenüber der geistlichen Gewalt lag daher für ihn im Zentrum des Interesses.

Die Dimensionen praktischer Philosophie entnahm er dem Verständnis der Bürgerschaft (Politie) bei Aristoteles. Die ‚societas perfecta' sei in der Religion der Heiden, der ‚theologia civilis', vorentworfen worden.

Erst das Christentum könne dagegen die wahre Religion und das wahre Priestertum in der Welt begründen. Marsilius' Friedenskaiser möchte keine Theokratie errichten und kein Paradies, sondern einen möglichst stabilen innerweltlichen Zustand.

Diese Neutralisierung ist für die Differenzierung von Religion und Politik unerlässlich. Auf dem Bürgerbegriff liegt dabei ein starker Fokus, der sich mit dem Konzept einer umfassenden Bildung verbindet: „Alle müssen wissen, um den Vorteil zu erreichen". Eine urteilsfähige Menge ist entscheidend. Man kann urteilen, auch wenn man nicht weiß, wie man die beurteilte Angelegenheit realisieren solle. Deshalb ist der Bürger durchaus in der Lage, über die Regentschaft zu befinden, auch wenn er selbst nicht reagieren kann. Dies ist ein großes Plädoyer für bürgerliche Urteilskraft. Die Gesetze haben eine nur begrenzte Regulierungsfähigkeit.

Die päpstlichen Machtansprüche werden deutlich in ihre Grenzen verwiesen. Die Plenitudo potestatis, und damit die potestas indirecta, hat der päpstliche Stuhl völlig zu Unrecht beansprucht. Marsilius befestigt damit eine Zwei-Reiche-Lehre: er trennt menschliches und evangelisches Gesetz.

Der Primat des Papstes in geistlicher Hinsicht, der von anderen Zeitgenossen, z.B. von Ockham gar nicht angetastet wurde, wird von Marsilius radikal in Zweifel gezogen.

Die Schwierigkeit der Pazifizierung ist immer dort besonders gravierend, wo innerweltlich Krieg angedroht wird, um den vermeintlich letztgültigen Frieden heraufzuführen. Der so verheißene ‚letzte Krieg' ist vermutlich der letzte nicht, wohl aber wird er dazu neigen, besondere Grausamkeit und Radikalität walten zu lassen. Diese Erfahrung ist im Zeichen der Ideologien des 20. Jahrhunderts besonders dramatisch vor Augen geführt worden. Sie war der antiken Welt aber nicht ganz fremd.

Die römische PAX AUGUSTA war eine durch Siege und Expansion errungene Pazifizierung. „Der Eroberer, so hat es Clausewitz vor dem Hintergrund der napoleonischen Erfahrung gesagt, „ist immer friedliebend. Er zöge ganz gerne ruhig in unseren Staat ein; damit er aber dies nicht könne, darum müssen wir den Krieg vorbereiten". (Platon: Si vis pacem para bellum).

Wie treffend ist vor diesem Hintergrund die Erwartung eines „postheroischen Zeitalters", das Michael Howards erstmals proklamiert und von der Nicht-Übereinstimmung des Prinzips moderner Industrie- und Wirtschaftsstaaten mit dem Kriegszustand abgeleitet hat.

Schon Kant legte nahe, dass der Handel und Austausch (das Commercium) den Frieden befördern werde. Eine andere und vielleicht nicht die schlechteste Friedenserwartung ging von den Kraftfeldern der Abschreckung aus. Niels Bohr richtete daher die sehr nüchterne Frage an J. R. Oppenheimer, ob die Bombe auch so verheerend sei, dass sie den Krieg für immer unmöglich mache. Dies war für Bohr die Voraussetzung, damit er selbst dem Manhattan-Project beitreten konnte. Heisenberg hielt hingegen die Schrecklichkeit für eine ethische Herausforderung. Darin ist ihm Carl Friedrich von Weizsäcker gefolgt. Man sollte ihre Sorge nicht durch den letztlich glücklichen Ausgang der bipolaren Bedrohung für widerlegt halten. Viel zu oft und viel zu gefährdend hatte die Welt in den Jahren des Cold War am Abgrund gestanden. Hegel hat im § 324 seiner Rechtsphilosophie auf seine spezifische Weise auf das fortdauernde Kriegsproblem reagiert: „Im Frieden dehnt sich das bürgerliche Leben mehr aus, alle Sphären hausen sich ein und es ist auf die Länge ein Versumpfen der Menschen; ihre Partikularitäten werden immer fester und verknöchern. Aber zur Gesundheit gehört die Einheit des Körpers und wenn die Teile in sich hart werden so ist der Tod da. Aus den Kriegen gehen die Völker nicht allein gestärkt hervor, sondern Nationen, die in sich unverträglich sind, gewinnen durch Kriege nach außen Ruhe im Innern. Allerdings kommt durch den Krieg Unsicherheit ins Eigentum, aber diese reale Unsicherheit ist nichts als die Bewegung, die notwendig ist."

II.
Die Friedenskonzeptionen sind immer auch große Entwürfe der Macht. Im Zusammenhang des Investiturstreits brach die Dualität von ‚Regnum' und ‚Sacerdotium', laikalem und geistlichem Status des Kaisers auf. Friedrich der II., der Staufer, wollte das geweihte Universalkaisertum, das ‚Sacrum Imperium' als einzige Macht etablieren. Er berief sich dabei auf die geheiligten Gesetze des Reiches. Sein Begriff des „Honor imperii" war durchaus vom Krieg her gedacht. Der Rechtsanspruch war fragil. Doch hier trat das Eulogium ein. Das „Sacrum imperium" wird zum „Sacratissimum imperium".

Thomas von Aquin entwickelte ein Elementarkonzept der Toleranz, das auch zur Hegung des Krieges hätte beitragen sollen. Nur aus eigenen, freien Stücken könne man zu einer Konversion gelangen. Krieg gegen Nicht-Christen ist nur legitimierbar, wenn sie gegenüber Christen Gewalt üben. Der Häretiker ist dagegen nur zu ermahnen und zurechtzuweisen. Erst im Fall mehrmaliger Zurückweisung der Lehre sind weitergehende Sanktionen zulässig.

Es ist nicht verwunderlich, dass derselbe Thomas das erste Mal eine differenzierte Lehre vom gerechten Krieg entworfen hat. Die Autorität des Herrschers spielt dabei eine zentrale Rolle. Nur er kann den Krieg erklären. Diese Autorität solle aber in richtiger Absicht am übergeordneten Ziel des Friedens ausgerichtet sein. Ursprung des Friedens aber ist die Liebe zum Nächsten, caritas, und die Gerechtigkeit. Sie bedarf des Friedens und sie leidet im Kriegszustand immer.

Auch Dante Alighieri träumte vom Universalkaisertum. Sein Monarch wird zur metaphysischen Gestalt. Die Spuren der Zeit sind so weit wie möglich getilgt, der Eindruck des Gleichbleibenden, Ewigen soll von diesem Kaiserbild ausgehen. Der Kaiser ist geradezu die menschliche Manifestation des ‚intellectus possibilis', der höchsten intellektualen Möglichkeit für die Menschheit insgesamt und die voll zu entwickelnde Vernunft. Vor diesem Horizont wird legitimiert, dass es besser sei, dass einer regiere, als dass es viele tun. Aus dem Einen, Ganzen nämlich geht erst die Ordnung der Teile hervor. Gott wolle, dass alles ihm ähnlich sei und dies sei bestmöglich in dieser Einheit realisierbar. Was durch diesen Einen verwirklicht werden könne, sollte nicht durch viele verwirklicht werden.
Das päpstliche Recht ist jüngeren Datums als das Kaiserliche. Es kann diese grundlegende Einheit also nicht stiften. Dagegen sei die Herrschaft seit den Ursprüngen der Welt etabliert.
Sehr im Unterschied zu Augustinus, der in den Großreichen ohne Recht nur Räuberbanden sah, rühmen die mittelalterlichen Denker der Monarchie die Architektur der Imperien, vor allem des Imperium Romanum,

aufs höchste. Es ist für sie ein heilsgeschichtliches Ereignis, dass die Zeit erfüllt war, als Augustus herrschte. Der Universalfrieden ist letztes Ziel und Ausweis der Heiligkeit dieses Reiches. Aus ihm gehen nach Dante sowohl die „Humanitas" in ihrem höchsten Sinn hervor als auch die „Christianitas". Dass das Verhältnis zwischen Kaiser und Papst für das christliche Abendland fundamental ist, bestreitet Dante nicht. Doch der Papst sollte keineswegs eine ‚Potestas indirecta' gegenüber dem Kaiser wahrnehmen. „Irdische und himmlische Glückseligkeit" sind klar verteilt und in eindeutiger Unterordnung angelegt. Die Dynamik zu diesem statischen Idealentwurf realisiert Dante nicht als Theoretiker, sondern in der Dichtung seiner ‚Divina Commedia'.

Völkerrecht und Menschenrechte –
Frühneuzeitliche Kriegsächtung im Zeichen des Kolonialismus

I.
Die spanischen Spätscholastiker reagierten auf das weltweite Großereignis der Eroberung der Neuen Welt mit einer neuen Friedenskonzeption. Die Reflexion über Recht oder Unrecht der Conquista und über ein Weltrecht visieren erstmals die Menschheit als Familie an.
Alexander VI. hatte in seiner Bulle ‚Inter caetera divinae' 1494 die Teilung der Welt genau umgrenzt. Die Conquista zog ungeheure Opfer nach sich. Schätzungen bemessen sich auf einen Schätzwert von ca. 100

Millionen Menschen. Las Casas hatte sich zu deren Anwalt gemacht. Seine ‚Brevissima Relación' ist ein großes, zu Recht immer wieder erinnertes Votum für die Einheit der Menschheitsfamilie, die weiterreicht als die Kulturgrenzen zwischen sogenannt Wilden und Zivilisierten.

Das ‚Ius gentium' ist für Las Casas eine Folge aus dem Naturrecht. Im Sinn der Scholastik ist es jenes Recht, das bei allen Völkern gelten soll. Lange Zeit implizierte dies die Anerkenntnis der Sklaverei. Mit Las Casas wird dieses Recht als Recht zwischen allen Völkern, keineswegs nur den europäischen, näher in den Blick genommen.

Francisco de Vitoria (1492-1546) hat in seinen Vorlesungscorpora, vor allem ‚De iure belli Hispanorum in barbaros' und ‚De Indis recenter inventis' diese Linien weiter expliziert.

Dies sind bemerkenswerte Zeugnisse, eine klare und zugleich temperamentvolle Verteidigung der Grund- und Urrechte der indigenen Bevölkerung Lateinamerikas. De Vitoria spricht ihnen ein eigenes Dominium zu, ein Herrschafts- und Eigentumsrecht. Selbst wenn es ihnen an Vernunft mangeln sollte, sei dies keinesfalls ein Grund, sie zu versklaven oder sich anzumaßen, sie zum Gehorsam gegenüber den Europäern erziehen zu können. Wiederum verbindet sich damit die Einschränkung päpstlicher Hoheitsrechte. Der Papst hat den Missionsauftrag zu gewährleisten, ansonsten kommt ihm lediglich eine ‚Potestas indirecta' zu. Keine Macht ist legitimiert, Teile der Menschenfamilie zu versklaven. Fremde haben zwar das Recht, das fremde Land zu betreten. Daraus resultiert aber keinesfalls ein Rechtstitel auf die Inbesitznahme ihrer Entdeckung. Entscheidend ist hier

die Unterscheidung zwischen Land und Meer. Das Meer, das in der neuzeitlichen Staatenwelt die Macht des maritimen „balancer from beyond" sein sollte, bietet Ausweichmöglichkeit, gleichsam einen Druckausgleich gegenüber den Mächteverhältnissen zu Lande.
Die Missionierung rechtfertigt nach de Vitorias Auffassung eo ipso nicht den Einsatz von Gewalt. Wohl aber wird, durchaus aktuell, wie wohl strittig, das Recht einer Intervention zugestanden, wenn sie denn der ‚defensio innocentium', der Verteidigung Unschuldiger, diene. Voraussetzung müsste sein, „dass die Barbaren anderen Menschen Unrecht zufügen". Das Völkerrecht wird damit aus zwei Quellen begründet: einerseits dem willensunabhängigen Naturrecht und andererseits „aus Konsens" („ex statuto humano"). Die strittige Frage ergibt sich aus der Struktur des Völkerrechts. Ist es ein Recht, das bei allen Völkern Geltung haben soll, oder aber eines, das unter den Völkern (inter gentes) gilt? Der Erdkreis (totus orbis) im Ganzen bildet, nach der Auffassung von de Vitoria, einen zusammenhängenden Staat. Diese Welteinheit verdient Respekt, bei allen unterschiedlichen Kultur- und Rechtsformen, die man in ihr antreffen kann. Lange bevor Hobbes seine Bestimmung der Menschen im Urzustand, wonach der Mensch dem Menschen ein Wolf sei, aufstellt, verwendet de Vitoria eine andere Formel, die eine weniger umfassende Begriffskarriere nahm: „homo hominis homo". Er wollte dies in dem Sinn verstanden wissen, dass der Mensch dem Menschen ein Nächster sei. Es kam zu der großen Disputation zwischen Las Casas und Sepulveda, vor dem Indienrat des Kaisers, die um die Rechtmäßigkeit der Eroberung kreiste. (Vgl. Reinhold Schneiders „Las Casas vor Karl V.")

Las Casas' ‚Apologia', die die imperiale Berechtigung der katholischen Majestät in Frage stellte, wurde bei der Disputation in extenso verlesen. Dies allein nahm fünf Tage in Anspruch. Damit wurde er zum Anwalt der Rechtlosen, der Indios.

Er ging in seiner Argumentation deutlich über de Vitoria hinaus. Die kaiserliche Jurisdiktion über Ungläubige ist nur potentiell nicht in actu legitim. Denn in actu sind sie auch keine Untertanen der imperialen Macht. Mit der Lehre vom gerechten Krieg argumentiert Las Casas, der Kampf gegen die Indianer sei unverhältnismäßig, und eben deshalb keinesfalls gerecht. Kritik übte er vor allem am ‚requerimiento', einer Erklärung, die den Ureinwohnern zuvor vorgelesen worden war, allerdings in spanischer Sprache, so dass sie keine Aussicht hatten, etwas zu verstehen. Es war also nichts als ein Scheinrecht. Kritik übt er auch an inhumanen Verhältnisbestimmungen, wonach hundert Indianer zur Vergeltung gegen einen toten Conquistador getötet werden durften. Gleichwohl sollten sich solche Ungeheuerlichkeiten bis ins 20. Jahrhundert hinein wiederholen. Aufsehenerregend bis heute ist vor allem die unverschleierte Berufung auf die Einheit des Menschengeschlechts. „So gibt es denn ein einzige Menschengeschlecht, und alle Menschen sind, was ihre Schöpfung und die natürlichen Bedingungen betrifft, einander ähnlich [...]. Alle Völker der Welt haben Verstand und Willen". Der große Gegenspieler Sepulveda, in jener Disputation vor dem Indienrat in Valladolid, verfolgte erkennbar die umgekehrte Schrittfolge. Am Anfang stehe die Unterwerfung (subjicere), daran anschließend könne man die Indios bekehren und zum katholischen Glauben führen (‚reducere'). Und erst nachdem sie Christen geworden seien, seien sie auch Menschen. Pablo Neruda hat in seinem „Cantico general" und Alfred Döblin hat in seiner „Amazonas"-Trilogie diesen Streitfall eindrücklich dargestellt. Dem Ethos von Las Casas ist vielleicht Reinhold Schneider, ein Urchrist im 20. Jahrhundert, am nächsten gekommen. Denn schon Las Casas hat die wirklichen Motive der Conquistadores gnadenlos offengelegt: Es gehe um die Gier nach Gold und Geld (codicia), um ungebremsten Ehrgeiz (ambicion) und gerade nicht um die gemäße Verbreitung des christlichen Glaubens. Aus der Debatte entstand eine Pattsituation Neue Gesetze (Nuevas Leyes) wurden ausgegeben. Doch diese Gesetze erweisen sich als positiv rechtlich undurchführbar und werden daher nach nur wenigen Jahren wieder abgeschafft, ein weiteres Problem des Völkerrechts.

Francisco Suarez besiegelt die völkerrechtlichen Einsprüche von Las Casas und de Vitoria: „Auch wenn das Menschengeschlecht in verschiedene Völker und Königreiche geteilt ist, hat es doch eine gewisse Einheit", die, wie ausdrücklich gesagt wird, nicht nur biologisch, sondern zumindest ebenso auch politisch und moralisch gilt. Dies ist von Bedeutung, da das Völkerrecht damit keineswegs, wie es noch im 18. Jahrhundert den Anschein hatte (noch Kant ging bekanntlich davon aus), nur für die europäische Völkerfamilie gilt. Nur die ‚defensio innocentium' bleibt als allenfalls legitimierbarer Kriegsgrund zurück. Die Menschheit selbst ist ein ‚corpus mysticum', das ursprünglich gleichwürdig ist, solange es nicht unter trennende Herrschaftsverhältnisse getan wird.

II.

Der Niederländer Hugo Grotius, ein Humanist aus der Schule des Erasmus (1583-1645), wurde mit seinem großen Hauptwerk ‚De iure belli ac pacis' (1625) bald als „Vater des Völkerrechts" bezeichnet. Er war ein Reformierter, der aber, obgleich Anhänger Calvins, sich vor allem anderen um den Ausgleich zwischen den Konfessionen bemühte. Sein Werk war als Lehrbuch, nicht als inventive Neuformierung von Recht vor einer veränderten Weltlage, angelegt. Dennoch sollte es Bahn brechende Bedeutung für das Verhältnis von Krieg und Frieden gewinnen. Grotius formulierte die Forderung nach dem ‚mare liberum'. Die Freiheit der Meere solle bewahrt bleiben. Der Gegenhalt zwischen Meer und Land sollte damit erst als durchgängige politisch strategische Dimension zur Durchsetzung kommen. Grotius widerspricht mit Verve dem Satz, „dass alles Recht im Kriege aufhöre". Er ist ein Theoretiker, der von den Rechten ausgeht, andere formulieren ihre Theorien umgekehrt von den Pflichten her. Dies gilt für die deutschen Frühaufklärer, vor allem für Pufendorf oder Thomasius und auch für Christian Wolff. Bei Grotius ist eine stark naturrechtliche Begründungsstruktur unverkennbar. Der Mensch sei per se mit dem ‚appetitus socialis' ausgestattet. Deshalb bedarf es eines Völker- und Beistandsrechts, „das von denen ganz zerstört wird, die welche das Recht auf das innere Gebiet der Staaten beschränken." Dieses Naturrecht ist nach Grotius zwar der Vernunft zugänglich, gleichwohl haben wir es als Schöpfung Gottes anzusehen. Die Formel: „etiamsi Deus non daremus", „selbst wenn wir annehmen würden, dass Gott nicht existierte, würde dieses Recht gelten", ist von ihm als höchst gewagte Hypothese gekennzeichnet, aber eben doch formuliert worden. Im selben Atemzug, in dem er den Grundsatz ausspricht, sagt er auch, diese Annahme wäre unmöglich und – selbstredend – schwerste Sünde. *Ein Gott, eine Menschheit, ein Recht*: dies ist die sanktionierte Leitformel des Rechtes.

Von besonderer Bedeutung sind Grotius' Klärungen zur Lehre vom bellum iustum. Er nimmt Grundlinien des Thomas und anderer Scholastiker auf, so dass wir erst jetzt auf dieses Rechtskalkül zu sprechen kommen. Grotius ist sehr daran interessiert, den Krieg zu hegen. So differenziert er die „temperamenta belli", womit sich das „ius in bello" verbindet, die Fortwirkung des Rechtes im Kriegszustand. Der Krieg ist nicht rechtsfreier Bereich, auch wenn das Kriegsrecht ein anderes Recht ist. Unter keinen Umständen ist die Vergiftung der Gewässer, sind Verbrechen gegen Kinder, Greise oder schutzlose Geistliche zu stützen. Auch die Lehre von den Nebenfolgen des Krieges hat Grotius weitergehend differenziert. Dahinter verbirgt sich das Problem, dass ein gerechter Krieg, der zudem der Forderung der Billigkeit gehorcht, nicht mehr Schaden anrichten darf, als er Nutzen bringt. Wenn eine Seite gerecht ist, der anderen aber dies abgesprochen wird, dann entsteht die schwierige Situation, dass eigentlich nicht mehr vom gerechten Krieg, sondern von der Niederschlagung eines Aufstandes ausgegangen werden muss. Die spätere Lehre vom „totalen Feind" macht diesen äußersten Ausnahmefall zum Normalfall. Ayala, ein weiterer großer Völkerrechtsdenker der Zeit, hat sogar zu bedenken gegeben, unter souveränen Fürsten könne diese Debatte eigentlich gar nicht mehr geführt werden.

Jean Bodin, der Lehrer der Souveränität, verfolgt, auch im Gegenzug gegen gewisse Tendenzen der spanischen Spätscholastik, den Souveränitätsbegriff gleichsam zu monopolisieren und sicherzustellen, dass nicht dem Volk unmittelbare Souveränität zukommt, einen systematischen Souveränitätsbegriff. Indirekt ist dieser für das Verhältnis von Krieg und Frieden nicht ohne Interesse. Souveränität ist „absolute Gewalt". Zunächst, wir erinnern uns, war es das Papsttum, das Souveränität für sich reklamiert hatte. Immerhin aber bescheinigte Papst Innozenz III. bereits 1202, dem König von Frankreich, dass er „superiorem in temporalibus" sei, also in zeitlichen Angelegenheiten keinen Höheren über sich habe. Es ist deshalb allzu berechtigt, dass Bodin im Streit um die wahre Souveränität Klarheit herzustellen suchte. Doch er selbst ist bis heute von Rätseln und Geheimnissen umgeben, wie übrigens viele der großen französischen Staatsdenker. Er gehört im sechzehnten Jahrhundert den ‚Politiques' an, einer Gruppe, die sich zwischen den Konfessionen hielt. Unklar bleibt, welcher Konfession er selbst angehörte. Hatte er eine jüdische Mutter, wie manche behaupten? Sein erstes Werk, eine ‚Daemonomanie', hat mit politisch rechtswissenschaftlicher Luzidität zunächst nichts zu tun. Es schildert einen Mann, der vom 37. Lebensjahr an von einem Dämonen durchs Leben geführt wird.

Geister, Engel, Dämonen bestimmen das Weltbild in diesem Frühwerk. Die weitere Vita Bodins nimmt sich etwas mäandernd aus. Er berührte die großen Tendenzen seiner Epoche. Zunächst gehörte er dem Karmelitenorden an, dann war er weltlicher Jurist. Als Berater der französischen Könige, Karl IX. und Heinrich III., warnt er vor dem Bürgerkrieg. Später schließt er sich an die

Sache der Hugenotten an, und gegen Ende seines Lebens ist er wieder auf Seiten Heinrichs IV. anzutreffen. Begraben ist er in der Franziskanerkirche zu Laôn. Seine Souveränitätslehre zeigt ideengeschichtlich klar einen Wendepunkt an: Vom mittelalterlichen Rechtsbewahrstaat zum neuzeitlichen Rechtssetzungsstaat.

Nur ein solcher Staat – dies ist auch das Problem von Hobbes – ist in der Lage, die unterschiedlichen Mächte und Interessen zusammenzuführen, in Schach zu halten und damit den Bürgerkrieg abzuwenden, der im konfessionellen Zeitalter erst seinen ganzen Schrecken gewinnt. Die ‚Sciences politiques' stehen für Bodin am Gipfel der Wissenschaftspyramide. Sehr bewusst setzt er sich damit von Aristoteles ab. Es sind nicht mehr Metaphysik und Theologie, die diese Rolle einnehmen. Eher schon scheint diese starke Ligatur von Philosophie und Politik auf die Befriedung als äußerste Zielsetzung begründet zu sein.

Absolut und zeitlich unbegrenzt, also als ‚legibus absolutus' definiert Bodin seinen Fürsten. Doch hat eine fürstliche Gesetzgebungskraft, die sich nicht auf allgemeine Gesetze beschränkt, bestimmte Grenzen. Sie werden durch die vorgegebenen „leges divinae ac naturales" gesetzt. Das Krongut etwa ist gemäß dem Salischen Gesetz unveräußerlich und auch in der Truppenrekrutierung unterliegt der Souverän weitgehenden Einschränkungen. Auch bei der Steuererhebung bedarf er der Zustimmung der Stände. Die vollgültige Souveränität wird gegen das römische Amt der Diktatur, einer Macht auf Zeit, abgesetzt. Wirkliche Souveränität kann eben nicht mit einer solchen temporalen Begrenzung verbunden werden. Deshalb unterscheidet

Bodin die Ausnahmegewalt der Ordonance eines Kommissars oder Generals von der dauerhaften Rechtsordnung, die allein von der Beamtenschaft ausgeübt werden kann.

Noch einmal (man vergleiche Platons ‚Timaios') wird der Kosmos als Urbild der souveränen staatlichen Gewalt evoziert. Bodin bringt sie auf die Formel der ‚Concordia discors', was bedeutet, dass der Widerstreit zur höheren Concordia erforderlich ist, aber in sie zurückgeführt werden muss. Platon hatte zwei Arten von ‚Umläufen' unterschieden: den des Selben (‚tauton') und jenen des Verschiedenen (‚thateron', ‚heteron'). Dies realisiert sich für ihn in der Monarchie, was ein weiteres eindeutiges Votum für sie ist. Bodin möchte sie aber mit demokratischer und aristokratischer Regierungsart verbunden sehen. 1593 legt er sein Spätwerk, das ‚Colloquium heptaplomeres' vor. In diesem Dialog, der alle Religionsdialoge beenden soll, zeigt sich, dass Bodin nicht nur auf die Befriedung des Bürgerkriegs, sondern ebenso des Religionskrieges setzt. Das Colloquium ist ein Religionsgespräch zwischen sieben Personen. Publiziert wurde es erstmals im Jahr 1847. Beteiligt sind ein Lutheraner vom Bodensee, Calvinist, Jude, ein Europäer, Italiener, der zum Islam übergetreten ist, ein Verteidiger der natürlichen Religion, schließlich ein Skeptiker und ein reiner agnostischer Rationalist. Dem Judentum wird erkennbar der besondere Respekt gezollt. Ein Mann namens Salomo, eindeutige Allegorie für die ‚Weisheit', ist dessen Sachwalter. Von hier her kommt es zu einer grundlegenden Auseinandersetzung mit dem Islam. Einerseits wird sein strenger, gar nicht mehr menschlich anmutender Monotheismus, andererseits die Sinnlichkeit und fehlende Transzendenz der Verheißungen kritisch ins Visier genommen. Die Argumentationen bleiben indessen im Pro und Contra verhaftet. Es gibt keine Lösung. Stattdessen wird auf ein Dekret, Henotikon des Kaisers Jovian aus dem Jahr 363 verwiesen, dem zufolge Christen, Heiden, Juden samt einer Vielzahl von Sekten in Frieden nebeneinander leben sollen. Besonders bemerkenswert ist aber dies: Am Ende steht die Aufforderung künftig nicht mehr über Religion zu disputieren. Schweigen gilt als Friedensgarantie. Über Religion redend, soll dieses Reden im Psalmgebet zu einem Ende gebracht werden.

Man hört freilich am Ende, vor dieser Schweigeverpflichtung, einen Chorgesang, eine Vertonung von Psalm 132. Dass aus einer Religion heraus, ein die verschiedenen Religionen versöhnender, befriedender Cantus firmus ausgehen könne, ist der feine Subtext dieser Botschaft „Wie gut und schön ist es, wenn Brüder in Eintracht beisammen wohnen!" Ist dieses Ende ein ‚desastre profond' wie manche Ausleger meinten? Oder tritt die nüchterne, kalte Souveränität als Ausgleich an die Stelle einer theologisch politischen Begründung des Friedens, eine skeptisch sympathische Selbstbescheidung?

III.

Im Zusammenhang der deutschen Tradition kommt auch für die Frage von Krieg und Frieden der Reichspublizistik eine besondere Bedeutung zu. Dabei ist die Rede von der ‚Policey' mitzubedenken, ein eigenständiger nicht westeuropäischer Weg zur Garantie von Freiheiten, die in den Plural gesetzt wurden und als die „Teutschen Libertäten," Manifestation des „gelinden

Regimentes", galten. Im Reich und den sich allmählich aus ihm herauslösenden Territorialherrschaften lag die „Summa potestas" beim Kaiser. Dietrich Reinking, hat zu Beginn des 17. Jahrhunderts, vor diesem Hintergrund die Policey- und Kameralwissenschaften neoaristotelisch als Verwaltungsdisziplinen entwickelt, die dem Guten des Bürgers verpflichtet seien, keineswegs als eine „Macht- und Betriegkunst" im Sinn des Machiavellismus. Sie sind daher zuvörderst Friedens- und nicht Kriegswissenschaften.

Hermann Conring, in den Diensten des Herzogs von Braunschweig-Lüneburg, suchte der Souveränitätslehre des Westens seit Bodin etwas entgegenzusetzen, das den förderalen Vielvölkerstrukturen des Reiches angemessener wäre. Eine einheitliche Souveränitätskonzeption hätte sich verboten. Vielmehr ist die Aristotelische Ausrichtung dieser inneren Friedenslehre unverkennbar. Neben den Reichsständen wird der eigenständige Stand der ‚Cives', der Bürger, hervorgehoben. Im französischen Zentralstaat sieht Conring zwar ein faszinierendes Machtgebilde. Zugleich verschweigt er nicht seine Wehmut angesichts des Niedergangs der teutschen Libertäten.

Pufendorf hat deren Totenglocke geläutet. Das Reich begreift er nicht mehr als eine mögliche Alternative, sondern als einen irregulären Körper. So fällt in der Schrift ‚De statu imperii Germanici' die ominöse Formulierung „Monstrum similis".

Diese reichspublizistischen Erwägungen finden einen erstaunlichen Nachklang in Hegels Reichsverfassungsschrift aus dem Jahr 1803. Darin zeigt sich eine bemerkenswerte Ambivalenz. Auch Hegel trauert um das alte Reich und seine Freiheiten. Er betont, dass die Freiheit insgesamt „heilig" ist. Bedroht sei sie gleichermaßen durch den preußischen Rationalstaat, durch einen Gesinnungsterror wie in der Französischen Revolution, aber auch die Exekution des ‚Maschinenstaats' unter Napoleon. Das Alte und das Neue sind gleichermaßen hässlich. Hegel erkennt dabei mit besonderer Schärfe die Zerfallstendenzen des Reiches und notiert: „Deutschland ist kein Staat mehr". Publiziert wurde diese Schrift nicht mehr. Sie war zum Anachronismus geworden, spätestens mit dem Reichsdeputationshauptschluß von 1803.

Montesquieu war ein französischer Adeliger, geboren im Schloss La Brède in der Nähe von Bordeaux, ein Jahrhundert vor der Revolution am 17.1.1689. Er führte ein exponiertes Doppelleben. In den Salons von Paris war er eine wichtige Stimme, daneben lebte er als unabhängiger Gutsherr im Süden von Frankreich. Sein Werk setzt sich eher indirekt mit der Frage von Krieg und Frieden auseinander, und ist doch für deren Topologie von Bedeutung. Eröffnet wird das Oeuvre mit den ‚Lettres Persanes' im Jahr 1721. Das Maskenspiel umgeht die Zensur. Gekennzeichnet wird in den fiktiven Briefen die persische Despotie, doch so, dass das Serail (Mozart, Orientalismus) zum unverkennbaren Spiegel des absolutistischen Hofes wird.
Der Serailherr Usbek herrscht durch Furcht. Die bediensteten Eunuchen führen dem Herrn die ausgewählten Damen zu. Da er ihrer bedarf, werden sie zu Herrn des Herren. Von der jungen Haremsdame Roxane stammt die schärfste Kritik am höfischen Haremslabyrinth: „Wie konntest du nur denken, ich sei so

einfältig und würde mir vorstellen, ich sei nur auf der Erde, um Deine Launen zu bewundern? [...] Ich habe Deine Gesetze nach den Gesetzen der Natur abgeändert und mein Geist hat sich immer seine Unabhängigkeit bewahrt."

Ist also ein gewisser Grad an Freiheit, eine Einhegung der Souveränität, unerlässlich, um zum Frieden zu gelangen? So wird es die Nachwelt verstehen und, am eindrücklichsten bei Kant, Montesquieus Lehre als Voraussetzung eines Friedenszustandes begreifen.

Roxane ist eine individuelle Einzelstimme, zugleich die Stimme der Natur, die gegenüber der Monarchie eine sehr kritische Grundhaltung nahelegt. Diese kippt im Sinne Montesquieus allzu leicht um in Despotie. Die absolutistische höfische Welt ist primär eine Welt der Herrschaft der Frauen durch Intrigen und implizite Beeinflussung des Herrschers.

Noch einmal näher an die Mechanik der Macht kommt Montesquieu im Jahr 1734 mit seinen ‚Considérations sur les causes de la grandeur des Romains et de leur décadence', seinem eigenständigen Beitrag zum großen Thema des Aufstiegs und des Endes der großen Reiche. Er sucht, wie viele andere vor ihm, nach den allgemeinen Ursachen und Gesetzen der Geschichte. Denn die Geschichte der Römer sei, kurz gefasst, diese: „Durch ihre Maximen überwanden sie alle Völker, aber als sie das Ziel erreicht hatten, konnte ihre Republik nicht weiter bestehen; die Verfassung musste sich ändern und die Maxime, die in der neuen Regierung befolgt wurden und die den früheren völlig entgegengesetzt waren, brachten Roms Größe zu Fall." Nicht nur die alte römische Dekadenztheorie, auch nicht einfach der Streit der Stände, von Optimaten und Popularen erklärt den

Niedergang Roms. All dies hätte vielmehr auch eine Anspannung und Schärfung der Kräfte und Energien bedeuten können. Schon gar nicht erklärt Montesquieu, wie es seit der Spätantike üblich war, die Christen zu den Schuldigen des Untergangs. Montesquieu fixiert vielmehr als zentrales Gesetz: „Es ist wahr, dass die Gesetze Roms nicht mehr ausreichen, um die Republik zu regieren. Man hat stets beobachtet, dass gute Gesetze, die eine kleine Republik groß gemacht haben, ihr zur Belastung werden, sobald sie groß geworden ist." Ausdehnungen, die sich nicht mehr in die Staatsform einbeziehen lassen, verursachen ein Debakel. Es ist der „Imperial overstretch", der letztlich zum Niedergang führen wird.

Und dann erscheint das Hauptwerk, nach siebzehn Jahren Entstehungszeit: ‚De l'Esprit des Lois (1748). Die neuzeitliche Gewaltenteilungslehre hat damit ihre Magna Charta erhalten, obgleich sich Grundzüge und Ansätze bereits bei John Locke finden lassen.

Es ist nicht primär ein normativer Traktat, vielmehr beruht die große Schrift auf der Sammlung der Rechtstümer verschiedener Völker. Der Gesetzesbegriff kommt bei Montesquieu ganz ohne den neuzeitlichen Hauptakzent auf dem Zwang, der ‚vis coactiva', aus, und auch einen starken Souveränitätsbegriff umgeht Montesquieu. Gesetze sind für ihn vielmehr notwendige Bezüge (rapports), wie sie sich aus der Natur der Dinge ergeben. Diese Knotenpunkte sind sehr weitmaschig geknüpft. Von daher kommt Montesquieu zu der Metapher von dem Netz, in dem sich Fische verfangen, ohne dass sie sich dieser Gefangenschaft innewerden.

Der Hobbesianische Krieg aller gegen alle wird von Montesquieu nicht verschwiegen, erst recht nicht beschönigt. Er sei aber eben kein Natur- sondern ein spezifischer Kultur- und Geschichtszustand. Es kommt deshalb darauf an, in größter möglicher Kontinuität von der Natur der Dinge zu Kultur und Gesetzgebung weiterzugehen. Damit liefert Montesquieu eine antirousseauistische Überlegung. Montesquieus Gesetzesbegriff zielt nicht zuerst auf Allgemeinheit, sondern auf die größtmögliche Besonderheit und Spezifität. Gut also sind jene Gesetze, die „nur durch großem Zufall einem anderen Volk auch gemäß sein können". Dies trägt der Grundaporie jeder Gesetzeslehre Rechnung, wonach das Gesetz über die Weisen seiner Interpretation selbst nicht befinden kann.

Von hier her entwickelt er, geschult am britischen Vorbild, seine neue Staatsformenlehre, die auf republikanisch gewaltenteilige Herrschaftsformen, ihrerseits aufgegliedert in Demokratie und Aristokratie, zielt. Einen Vorzug räumt er der Demokratie ein, die freilich im Wesentlichen das meint, was Aristoteles unter ‚Politie' versteht. Den Bürgern soll das aktive, nicht aber das passive Wahlrecht zuerkannt werden. Aristokratien sind im Blick Montesquieus besonders gefährdet, sich in die höfische Intrigenwelt zu verlieren. Er hat offensichtlich vor allem Oligarchien im Auge. Den Gefährdungen könne man entgehen, wenn die Aristokraten sich nicht selbst ergänzen, sondern der Zugang zu dieser Schicht durch den Censor überwacht wird. Auch die Monarchie sei nur zu rechtfertigen, wenn sie durch Stände abgefedert wird. Ohne Adel kein Monarch, ohne Monarch kein Adel, dekretiert Montesquieu. Eine höfische Welt, die primär durch Verstellung und Schein gekennzeichnet ist: damit liefert Montesquieu Epitheta, die Rousseau dann fast wörtlich für die Kennzeichnung der zivilisierten Gesellschaft gebrauchen wird. Ist auch die Gewaltenteilung aus bewundernder Beobachtung des britischen Systems gewonnen (XI, 6), der Kern dieser Bewunderung ist normativ. Jeder Mensch, der Macht hat, so die Grundeinsicht von Montesquieu, sei gefährdet, sie zu mißbrauchen. Montesquieu etabliert ein Regime der ‚checks' und ‚balances'. Dabei gilt ihm die Judikative als am wenigsten eigenständig. „Les juges ne sont que la bouche de loi": Die Richter sind nur Mund des Gesetzes und kein eigener Berufsstand. Wesentlich ist es für Montesquieu, dass die Richter demselben Stand angehören wie die Angeklagten. Niemals sollten dabei zwei Gewalten in einer Hand liegen.

Für den inneren Frieden ist der Gedanke grundlegend, dass jede Schicht an der Herrschaft beteiligt sein müsse. Deshalb die Gliederung in Unterhaus und Oberhaus, Volksgerichte und Adelsgerichte. Anders als die deutschen Theoretiker möchte Montesquieu nicht die Mischverfassung um jeden Preis meiden. Er tendiert sogar zu ihr, mit Polybios und Cicero im Hintergrund.

Die Faszination gegenüber England manifestiert sich in einer fast durchgehenden Zwiesprache mit John Locke. Montesquieu bekräftigt, dass England „zur Zeit das freieste Land der Welt" sei. Andererseits sieht er eine zu starke Rolle des Handels, der City, des Geldes.

Die Verhältnisse zur Natur führen ihn dazu, auch das Klima eigens in Betracht zu ziehen. Ein gemäßigtes Klima ebenso wie der mittlere Stand sind Voraussetzungen einer guten Politie. Sklaverei gedeihe nicht zufällig vor allem in heißen Ländern, in denen auch eine hohe Erregbarkeit zu konstatieren ist. Die politische Sklaverei ist freilich eine Folge der privatrechtlichen.

„Verschiedene Dinge lenken die Menschen: Klima, Religion, Gesetze, Maximen der Regierung, Beispiele der Vergangenheit, Sitten, Gepflogenheiten, aus diesen formt sich der allgemeine Geist, der aus ihnen resultiert, je nachdem wie in jeder Nation eine dieser Ursachen mit mehr Macht wirkt und die anderen nachgeben".

Montesquieu ging davon aus, dass der Handel, das Commercium, ein Unterpfand des Friedens und der Verständigung zwischen Völkern sei. Auch hier lässt er sich aber nicht von Regel und Prinzip blenden. So beklagt er zugleich eine Überkommerzialisierung in den modernen Gesellschaften. Alles sei nunmehr für Geld zu haben. Die Vorstellung, wie sie ähnlich Mandeville in seiner Bienenfabel 1714 vertreten hat, ist für ihn keineswegs selbsterklärend: Die privaten Laster der Reichen und ihr Bedarf an Luxusgütern sollten die Armen in Lohn und Brot bringen.

Religion ist selbst nur ein deskriptives Moment im Ensemble der Beziehungen. Die Wahrheitsfrage wird ausgeklammert. „Selbst wenn die Religion falsch ist, ist sie der bestmögliche Garant der Menschen für die Rechtschaffenheit ihrer Mitmenschen". Sie sei die einzige mögliche Mauer gegen die Verächter der Menschengesetze. Ein Herrscher ohne Religion werde leicht zum wilden Tier. Dies ist gegen den Skeptiker Bayle gerichtet, der einem atheistischen Herrscher die Präferenz erteilt hatte.

Auch wenn Montesquieu die Naturgesetze „als notwendige Bezüge, wie sie sich aus der Natur der Dinge ergeben" versteht, meint er nicht, dass Menschen ihnen vollständig unterworfen wären. Vielmehr unterscheidet er zwischen dem Menschen als natürlichem und als geistigem Wesen.

Zu der naturrechtlichen Grundausstattung von Staaten zählt nach Montesquieu das „ius ad bellum", ein Notwehrrecht, das aber strengen Beschränkungen unterliegen soll. Sie ergeben sich aus der Erhaltung der Art, der goldenen Regel und dem Bezug auf die Natur der Sache: Das Recht auf Eroberung wird Staaten zugestanden. Doch wenn man es wahrnimmt, verbindet sich damit eine unermessliche Schuld.

Den eroberten Völkern solle grundsätzlich ihr Recht und ihre Regierung belassen werden, so Montesquieu. Auch die Begrenzung eines später so genannten ewigen Friedens wird schon bei ihm klar benannt: Monarchien sind kriegerisch, Republiken friedliebend. Die Despotie sucht die Absonderung.

IV.

Welche Realitäten lagen diesen Reflexionen zugrunde? Natürlich kann man nicht die Kriegsgeschichte erzählen, die mit der europäischen Staatengeschichte weitgehend parallel verläuft. Doch einige Strukturmomente sind zu erinnern.

In der frühen Neuzeit kann man in der Tat von einer Disziplinierung des Krieges durch die Errichtung eines Gewaltmonopols sprechen. Feste Geschützparks und eine aufgefächerte Infanterietaktik werden entwickelt. Die neuen Feuerwaffen forderten eine hohe Disziplinierung der Soldaten. Man musste üben, um mit ihnen umgehen zu können. Auch die Heeresgröße nahm stark zu.

Söldnerheere wurden in der frühen Neuzeit noch durch private Militärunternehmer rekrutiert. Die Staaten schlossen mit ihnen „Kapitulationen", die zu vertraglichen Zahlungen verpflichteten. In der Zeit des

Dreißigjährigen Krieges können wir 1500 solcher Unternehmer benennen, darunter neben vielen anderen berühmte Familien wie die Sforza, Montefeltro.

Auch ein veränderter Festungsbau gehört zur Neuerung des Krieges. Leon Battista Alberti, ein großer uomo universale, entwickelte Festungsmauern wie Sägezähne. Sie lösten nach und nach die hohen dünnen Mauern mittelalterlicher Städte ab. Gräben und Vorwerke erschweren den Zugang. Doch „uneinnehmbare Bastionen" gibt es kaum mehr.

Entscheidend aber ist, was sich in der politischen Theorie spiegelt, die Verstaatlichung der Gewalt. Dies ermöglicht erst begrenzte Gottes- und Landesfrieden, die den vernichtenden Irrationalismen und Rachefeldzügen Grenzen setzen.

Die Konzeption des „gerechten Krieges" macht aus Kriegsakten eine Art von Rechtsgeschäft, und zugleich einen Ehrenhandeln in Analogie zum Duell. Privatfehden werden im 15. Jahrhundert in Frankreich und später 1495 im Reich verboten. Das Gewaltmonopol bildet sich daher auch nach außen hin aus. In diesem Ambiente entwickeln sich verschiedene Friedenslehren bis hin zu einem eindeutigen Pazifismus: Erasmus zeigt, dass der Krieg nicht human und mit christlicher Lehre nicht vereinbar ist.

Cajetan zielt demgegenüber auf die fürstliche Autorität ab. Die einzig legitime Frage an einen Krieg ist, ob er berechtigtermaßen erklärt wurde.

Dies ist auch Luthers Positionierung, der auf die „Necessitas perpetua" zielt. Es bedeutet zugleich, dass Rebellen, wie die abfallenden Niederlande, kein Recht zur Kriegführung haben, sind sie doch nicht souverän. Die Hegung im Sinne des Rechtsgeschäftes zwischen souveränen Staaten, sichert gemäß diesen alteuropäischen Ordnungen die Rechte von Gefangenen und greift auch in der Schonung der Zivilbevölkerung. Kodifiziert wurde der Nonkombattanten-Status freilich erst in dem Abkommen von 1864.

Stehende Heere können von der Staatsgewalt ihrerseits an fremde Mächte verliehen werden. Der kurze Dienst wird so zum langen. Obristen firmieren in Frankreich weitgehend als Unternehmer

In Preußen wird ab 1733 mit dem Kantonsreglement Friedrich Wilhelms I. die Praxis der willkürlichen Aushebung beendet. Die Eingezogenen sollten lebenslang dienen. Dafür wurden sie versorgt. Die Charité und das Militärwaisenhaus gingen aus dieser beidseitigen Obligation hervor.

Eine vergleichbare Mobilisierung wie in Preußen gelingt nur durch eine hochgradige Zentralisierung.

Nicht zu verkennen ist auch die zunehmende Bedeutung der Diplomatie im Zug der Regularisierung der Kriege. Ständige Vertretungen gibt es mit im 14. Jahrhundert, Ferdinand von Aragon und Maximilian I. entwickeln um 1600 ein differenziertes Netz des diplomatischen Austauschs. Dies bedeutet auch eine Institutionalisierung der Informationsbeschaffung und eine Stabilisierung der Spionage. Im Osmanischen Reich wurden die Botschafter fremder Mächte ganz und gar von der Gastgebernation ausgehalten. Dadurch waren sie aber auch in extremer Weise kontrollierbar. Persönliche Außenpolitiken traten in einem feingesponnenen Netz neben die amtlichen, Berichte an verschiedene Personen in abgestimmter, unterschiedlicher Weise formten ein komplexes Gebilde von Informationen und Desinformationen.

Erst im pentarchischen Staatensystem des 18. Jahrhunderts etabliert sich das Reglement mit festen Gehältern und einer Hierarchie vom Botschafter über den Gesandten bis hin zum Residenten.

Auch das Gleichgewichtssystem bildete sich erst allmählich aus. Aktenkundig wird es im Frieden von Utrecht 1713 und dem Frieden von Nystad 1721 mit der Formel „iusto potentiae aecquilibrio". Mit dem Aufstieg Preußens, des Fremdkörpers auf der europäischen Landkarte, wurde deutlich, dass zur Aufrechterhaltung dieses Systems Kriege geführt werden müssen. Es sind zunächst gehegte, eng begrenzte Koalitionskriege mit der Option des Präventivkriegs. Auf diese Form der Kriegführung geht die Bestimmung des gerechten Krieges über. Dies bedeutet eine weitere Neutralisierung und Hegen nach dem konfessionellen Zeitalter.

Seit Mitte des 15. Jahrhunderts spielt der Gleichgewichtstopos eine Rolle. Die Position des Balancer, der nicht unmittelbar in die Interessenrayons involviert ist, ist seinerzeit schon besetzt. Sie wird zunächst Venedig zugeschrieben.

Die Ausbildung des pentarchischen Systems bedeutet einerseits Kriegshegung, zugleich aber etabliert sich damit ein Machtkartell der Großmächte. Der Friedensschluss mit der „Oblivio: amnestia et amnesia", wie sie im Frieden von Münster und Osnabrück beschlossen worden war, trägt diese fragile Systematik.

Das Völkerrecht (Ius Gentium) ist zwischenstaatliches und damit positives Recht, das aber aus naturrechtlicher Herkunft von der Lex aeterna hergeleitet wird. Man beruft sich auf das Völkerrecht und über das Naturrecht auf jene Gesetze, die bei allen Völkern gelten. Wenn es als positives Recht verstanden wird, was auch vorkommt, dann unterliegt es der Verständigung der beteiligten Mächte. Hobbes, Pufendorf, Locke und Thomasius gingen freilich übereinstimmend davon aus, dass es der Zwangsgewalt mit Sanktionsmöglichkeiten zur Durchsetzung eigener Interessen bedarf und dass dieser Gewaltfaktor das Verhältnis zwischen den Staaten bestimme. Bei Naturrechtlern wird darüber hinaus der Grenzgedanke einer „civitas maxima", eines Überstaates, angenommen. De Vattel spricht gar von einer „societé des nations".

In der Scholastik und besonders in der spanischen Spätscholastik bei de Vitoria und Suarez wird unterschieden zwischen dem „Ius Gentium naturale" und dem „Ius Gentium secundarium". Letzteres enthält positive Rechtssätze: vor allem gewohnheitsrechtlich überlieferte. Zwischen Recht ‚intra se' und ‚inter se' wird unterschieden. Das Recht ‚inter se' setzt in Latenz die Drohung des fortbestehenden Kriegszustandes voraus. Grotius gliederte seinerseits in „Ius naturale" und „Ius voluntarium". Letzteres zerfalle wiederum in „Ius civile" und „Ius Gentium". Die Freiheit der Meere wird dann, wie wir sahen, von Hugo Grotius besonders betont, da sie den Ausgleich erst ermöglicht.

Ein rechtsfreier Raum wird in Übersee gesehen: „No peace beyond the line". Das alte Völkerrecht kannte die Ausweichzonen, Großräume, in denen die territoriale Verteilung nicht wirksam wurde.

Neutralität setzt sich erst nach und nach durch, im Zusammenhang der Verschleifung der Iusta causa. Sie setzt eine Äquidistanz voraus, so dass wohlwollende Neutralität eigentlich keine ist. Bynkershoek und de Vattel haben hier eine folgenreiche Neudefinition geleistet. Ist für sie doch Neutralität der Dauerzustand im völkerrechtlichen Friedenszustand.

Das neue Gesicht des Krieges im Zeitalter der Revolutionen: Hegel gegen Kant Kratik gegen Politik

I.
Hegel erkannte, dass Religionskonflikte alle Versuche der Zivilisierung und Hegung von Kriegen ad absurdum führen. Religions- oder Konfessionskriege sind daher auch Zuspitzungen von Bürgerkriegen: „Ein Volk zwingt dem anderen seinen Glauben auf". Er sieht aber auch die Unhintergehbarkeit der Gleichgewichtspolitik: „In Europa ist jetzt jedes Volk von dem anderen beschränkt und darf von sich aus keinen Krieg mit einer europäischen Nation anfangen".
Das Kantische Ideal des ‚Ewigen Friedens' hat Hegel nicht aufrechterhalten. In der ‚Phänomenologie des Geistes' bereits spricht er davon, dass der Krieg sittliche Substanz sichtbar mache. Er sieht darin geradezu das Antidotum zu der partialisierten, atomisierten Wirklichkeit der modernen Welt: „Die Kraft des Zusammenhangs aller mit dem Ganzen" treten im Krieg zutage. Hegel erkennt aber auch die Bedrohung. Zugleich aber fördert er Feindseligkeiten, die durch den Verstand nicht bestimmbar seien.

Die Beben eines Zeitalters, mit dem eine neue Epoche der Weltgeschichte beginnt, durchzittern, so sahen wir,

Kants Friedensvisionen von ferne. Dies geht gerade in die Präliminarartikel seiner Friedens-Schrift ein. Maximen tragen den Zeitumständen Rechnung, die offensichtlich den fragilen Künsten der Kabinettspolitik widersprechen: das Verdikt über die Geheimhaltung der Kabinettspolitik, ein grundsätzliches Interventionsverbot, aber auch die proklamierte Abschaffung stehender Heere. Gleichwohl findet sich auch der Geist der Gentzschen Denkschriften, und, avant la lettre, der Wiener Ordnung in Kants Friedensschrift und erst recht in der Völkerrechtsabhandlung seiner ‚Metaphysischen Rechtslehre'. Aus Hegels Rechtsphilosophie ist an der Schnittstelle zwischen äußerem Staatsrecht und der Abhandlung der Weltgeschichte ein völlig anderer Gestus bemerkbar. Das Tremendum der ‚levée en masse', der Befreiungskriege und der napoleonischen Gewalt durchdringt seine Überlegungen maßgeblich. Zwar spricht Hegel noch (etwa in § 339 der Rechtsphilosophie) von der Familienähnlichkeit der europäischen Nationen, auf die das Völkerrecht dauerhaft begründet werden könne. Es könne zu einer Modifizierung „in einem Zustande" kommen, „wo sonst das gegenseitige Zufügen von Übeln das Herrschende ist". Dennoch bemerkt Hegel, dass der Grund des alten Ius Publicum Europaeum brüchig geworden ist: Das – Schillers Gedichtzeilen nachgesprochene – Wort von der „Weltgeschichte als Weltgericht", hat daran seinen welthistorischen Rechtsgrund, dass Staaten nach außen in einem nicht nur moralischen sondern auch rechtlichen Naturzustand sind, wiewohl die Rechtsgebung des Staates nach innen gewaltenteilig differenziert sein mag. Zufall und Notwendigkeit treffen im Hegelschen System jenseits der Naturphilosophie kaum derart unvermittelt aufeinander, wie am Übergang zwischen dem philosophischen Staatsrecht und dem Abriss des tychéhaften Spiels der ‚Weltgeschichte'. Napoleon wird geradezu zur Allegorie des veränderten Zustandes: „Wenn Napoleon vor dem Frieden von Campoformio sagte: ‚Die französische Republik bedarf keiner Anerkennung, sowenig wie die Sonne anerkannt zu werden braucht', so liegt in diesen Worten weiter nichts als eben die Stärke der Existenz, die schon die Gewähr der Anerkennung mit sich führt, ohne dass sie ausgesprochen wurde" (S. 499).

Kant hatte in der aufgrund von Gleichgewicht geordneten Staatenwelt Europas eine latente Kriegsgefahr wahrgenommen. Deshalb legt er großen Wert darauf, dass der Friede nicht selbstverständlich ist, sondern vielmehr ‚gestiftet' werden muss. Hegel indes beschreibt das zwischenstaatliche Verhältnis in Kategorien, die in der Sache mit Hobbes' Naturzustand und Burckhardts Anatomie der großen Crisis korrespondieren.

Ein Staat kann sich, solange zwischen den Staaten ein Hobbesianischer Naturzustand besteht, auf sich selbst als ‚Hieroglyphe Gottes in der Geschichte' beziehen. Dann mag er „seine Unendlichkeit und Ehre in jede seiner Einzelheiten legen", und wird „um so mehr zu dieser Reizbarkeit geneigt sein, je mehr eine kräftige Individualität durch lange innere Ruhe dazu getrieben wird, sich einen Stoff der Tätigkeit nach außen zu suchen und zu schaffen" (ibid., S. 500). Das fein abgezirkelte Duell, das unter Satisfaktionsfähigen noch bis in die diplomatische Sprache der Bismarckzeit hinein die Kunst des Gleichgewichts bestimmte, ist nicht geeignet, die Kontingenz politischer Potenzen in einen Ausgleich zu bringen. Sind es doch, wie Hegel zeigt, Potenzen, die in einem „höchst bewegte(n) Spiel der inneren Besonderheit der Leidenschaften, Interessen, Zwecke, der Talente und Tugenden, der Gewalt, des Unrechts und der Laster" gegeneinander stehen. Dabei ist jeweils das sittliche Ganze selbst und damit der Zusammenhang von Moralität und Sittlichkeit, als die der Staat zu gelten hat, aufs Spiel gestellt. Der für die Formgebung des Geistes fundamentale ‚Kampf um Anerkennung' kommt zwischen Staaten zumeist nicht zu dem pazifizierenden End- und Ruhezustand. Es muss nicht wunder nehmen, dass eben von hier her die Idee des ewigen Friedens in Zweifel gezogen wird. Anerkennung zwischen Staaten kann nicht auf einen bestimmten Gehalt eingeschränkt sein, sie ist auf die Totalität des Sittlichen bezogen.

Vor diesem Hintergrund unterzieht Hegel zwei tradierte Topoi des Aufklärungszeitalters seiner grundlegenden Kritik: zum einen die Figur der Perfektibilität des Menschengeschlechts, die in Kants Lehre von den ‚Geschichtszeichen' eine konstituierende Rolle spielt, und seinem eigenen Topos vom Fortschritt im Bewusstsein der Freiheit anhängt. Damit ist, wie Hegel weiß, kein Grundgesetz der Geschichte zu artikulieren.

Zum anderen aber verwirft Hegel Kants Idee des ewigen Friedens, die er auf einen ‚Staatenbund', welcher jeden Streit schlichten solle, reduziert. Er konstatiert dann, dass es eine solche schiedsrichterliche Instanz, einen Prätor, zwischen den Staaten nicht gebe. Um jenen ewigen Frieden zu stiften, bedürfte es Hegel zufolge einer ‚Einstimmung der Staaten', die materiale Voraussetzungen hat und durch die Formalität des Sittengesetzes allein nicht eingelöst werden kann.

II.
Fichte nimmt in der Konfiguration zwischen Kant und Hegel eine bemerkenswerte Position ein, insofern er einerseits, noch unter den Wirkungen der Französischen Revolution, die Gefährdungen der alten Gleichgewichtsordnung pointiert. Seine Erwägungen haben indes eine grundsätzlich andere Stoßrichtung als jene Hegels: sucht er doch keineswegs nur im Grau in Grau eine abgelebte Vergangenheitsgestalt des Geistes zu erkennen, er möchte vielmehr dem eigenen Weltalter seine Tendenzen a priori vorschreiben. In der XIV. Vorlesung der ‚Grundzüge des gegenwärtigen Zeitalters' notiert er: „In diesem allgemeinen Ringen der Kräfte [...] will es noth thun, keinen Vortheil aus der Hand zu lassen; denn der Nachbar wird ihn sogleich ergreifen [...]. Wer hier nicht vorwärts schreitet, kommt zurück, und kommt immer mehr zurück, bis er endlich seine politische Selbständigkeit verliert" (Werke Band VII, S. 211f.). Dieses Zeitalter begreift Fichte in einem Aperçu als „Zeitalter der vollendeten Sündhaftigkeit". Der Geist könne sich der Gleichgewichtsmechanik bedienen, um Gestalten der Staatlichkeit zu errichten und sie wieder untergehen zu lassen. Der Staat selbst sei keineswegs eine geistige Form.

Unter dem Eindruck der Niederlage Preußens gegen Napoleon handelt Fichte dann ausdrücklich davon, dass das europäische Gleichgewicht allenfalls einen auf Zeit erträglichen Waffenstillstand sichern könne. Es sind zwei Denkmaximen, die er – nun in einer ganz und gar nicht idealisierenden Anknüpfung an Machiavelli – einzunehmen verlangt, wobei eine gegenüber der reinen Sittlichkeit aber auch dem Rechtsgesetz entzentrierende Denkart angesonnen wird. „1. Der Nachbar [...] ist stets bereit, bei der ersten Gelegenheit, da er es mit Sicherheit können wird, sich auf deine Kosten zu vergrößern. Er muss es tun, wenn er klug ist, und kann es nicht lassen, und wenn er dein Bruder wäre. 2. Es ist gar nicht hinreichend, dass du dein eigentliches Territorium verteidigst, sondern auf alles, was auf deine Lage Einfluss haben kann, behalte unverrückt die Augen offen [...]" (Werke 1. Ergänzungs-Band, S. 23f.). Wenn diese, im einzelnen noch fortzusetzenden Überlegungen allgemein geteilt würden, so würde „ein Schwert das andere in Ruhe erhalten", die Mächte blockierten einander gegenseitig.

Fichte war zu Anfang ein glühender Verehrer der Französischen Revolution. Seine fulminanten Frühschriften sind Schillers Freiheits-Pathos nahe verwandt. Er reklamiert die „Zurückforderung der Denkfreiheit von den Fürsten Europens" und die Urfreiheit der Meinung. Allein Legitimität kann die innere Ordnung herstellen. Denn es wäre unrechtmäßig, „sich durch einen anderen Gesetze geben zu lassen".

Die Revolution verliert damit ihre Zentralbedeutung. Sie degradiert zu einer Nebenangelegenheit. Sie sei „ein reiches Gemälde über den großen Text Menschenrecht und Menschenwerth".

Maßstab, so in den hier fundamentalen ‚Grundzügen des gegenwärtigen Zeitalters', ist der Weltplan. Kant hatte davon gesprochen, dass er in ‚Geschichtszeichen' zutage trete, die immer wieder anzeigen würden, wonach die Freiheit in der Menschheit erscheinen soll. Die Heilsgeschichte gibt dafür die Matrix vor. Fichte sieht den Plan durch die Trias von Paradies – Sünde und Erlösung gekennzeichnet.

In seinen ‚Reden', dem durchaus aggressiven Beitrag zur nationalen Erhebung, hatte Fichte Sympathien für einen losegefügten Föderalismus und das Alte Reich erkennen lassen: „Ob der deutsche Staat als einer oder mehrere erscheint, thut nichts zur Sache". Das eigentliche Discrimen der Rechtsordnung ist vielmehr die Bindung an das Republikprinzip. Mit dem deutschen Aufstand gegen Napoleon verbindet sich die Abwehr des Imperialen.

Das Alte Reich hatte Fichte in der überdimensionierten Ausdehnung von der Eder bis Triest, der Schelde bis an die Memel gesehen.

Seine Machiavelli-Hochschätzung hat er selbst auf die Notwendigkeit zurückgeführt, die Dinge nicht nur so zu zeigen, wie sie sein sollten, sondern in Wahrheit sind. Seine Reflexionen zu Krieg und Frieden unterliegen allerdings durchaus Modifizierungen. 1796 rezensiert Fichte Kants Friedensschrift zustimmend, 1807 lehrt er eine nach außen nicht gehegte Machtpolitik. Die Begründung bleibt deskriptiv. Jede Nation wolle „das ihr eigentümliche Gute so weit verbreiten, als sie irgend kann und soviel an ihr liegt, die ganze Menschheit sich einverleiben". Der Fürst aber sei nach außen nur an das Gesetz des Stärkeren gebunden. „Salus populi suprema les esto".

Auch wenn er damit über die Machiavellischen Subtilitäten hinausgeht, trifft Fichte zwei wesentliche Einschränkungen: 1. Machiavelli sei nur Ratgeber der Heroen. Er erfasse nur die sinnliche Dimension der Staaten. Innenpolitisch sei die Zeit durch die Notwendigkeit freier Legitimation über ihn hinweggegangen.

Wichtig ist auch seine – teils anachronistische, teils schon sozialistische Auffassung gegen den Freihandel. Ökonomisch solle der Staat also „geschlossener Handelsstaat" sein. Durch die staatliche Instanz könne und müsse daher auch das allgemeine Eigentumsrecht eingeschränkt werden. Es hat der Freiheit des einzelnen zu dienen.

Immer wieder stellt Fichte die Frage und Forderung nach dem „wahrhaften Kriege". In der späten Staatslehre 1813 nach dem Scheitern des Russlandfeldzugs will er die Zielsetzung in der Umformung des Staates zu einem „Vernunftreich" erkennen.

Hier diagnostiziert Fichte eine neue Dimension des Krieges. Es gehe nicht mehr um die Söldnerkriege, nicht mehr darum, hinter den festverschlossenen Türen zu überwintern, wie die alten dynastischen Kriegshandlungen es ermöglichten. Die neue Form des Kriegs sind die Volkskriege, Krieg „um der Freiheit willen". Der einzelne könne einen solchen Krieg erklären, auch wenn der Fürst kapituliere. Dies soll die sittliche Idee des Vernunftreiches gegenüber der privatistischen Grille von Napoleon sein, der eigentlich nur als Privatus wirkt. Flankiert werden diese Überlegungen durch das Konzept eines Erziehungsstaates, eine stark an Platon orientierte Tendenz, mit dem streckenweise fatalen Eindruck einer Zwangserziehung zur Freiheit.

So evoziert Fichte auch das innerweltlich eschatologische Bild eines „letzten Frieden" der Gutgesinnten. Er war der Auffassung, die Französische Revolution hätte ihre Stabilität finden können, wenn sie ein jahrzehntelanges Moratorium der Erziehung durchlaufen hätte.

Krieg und Frieden im Schatten der Ideologie: Nietzsche, Marx, Burckhardt

I.

Nietzsche stellte der Friedenssehnsucht stachlige Fragen, die den Zivilisationsprozess insgesamt in Frage stellen. Ist sie nicht Symptom einer uneingestandenen Krankheit und Suche nach Genesung?

Umgekehrt hat der prophetische ‚Wahrsagevogel Geist' auch gesehen, dass sich gerade die Edelsten dem Krieg in die Arme werfen würden. Damit würden sie ihrem eigentlichen höheren Ziel ausweichen. „Der Krieg ist für sie ein Umweg zum Selbstmord, aber ein Umweg mit gutem Gewissen". Der Krieg ist Brutalitätskur. Nietzsche verortet ihn auf dem schmalen, scharfen Grat zwischen Genesung und Barbarei. Man könne zu Ungunsten des Krieges sagen, dass er „den Sieger dumm und den Besiegten boshaft" macht.

Nietzsche weiß, dass der Kampf (polemos) das umfassendere Phänomen ist. Einerseits ist er Sache des spielenden Kindes, wie Nietzsche Heraklits PAIS PAIZON übersetzt. Doch dies Kind ist zugleich unerhört grausam.

So diagnostiziert Nietzsche beides: dass der Blick auf eine Welt des Kampfes gerade zum Ekel am Dasein führen musste und die Weisheit des Anaximander nahelegt. Das Dasein sei eine abzubüßende Strafe.

Der Sieg ist dabei die größte Gefahr. Dies betont Nietzsche in seiner Polemik gegen Bismarcks Reich. Er könne eine Verwechslung und Niederlage bedeuten, die „Exstirpation des deutschen Geistes zugunsten des deutschen Reiches".

Nietzsche diagnostizierte den „Willen zur Macht" innerhalb und außerhalb des Menschen. Unter friedlichen Umständen fällt der Mensch über sich selbst her. Revanche und Rancune sind omnipräsent. Deshalb lehrt er ‚Amor fati' und Einwilligung in das Geschehen der ewigen Wiederkehr des Gleichen.
Auf tragsamen Kamelgeist und den zerrreißenden Löwengeist folgt in Nietzsches Aufeinanderfolge „Von den drei Verwandlungen" im Zarathustra das „spielende Kind". Das Mitleid soll sich in einer antichristlichen und antiplatonischen Wendung gerade den „großen Menschen", dem Eroberer und Überwältiger zuwenden: er müsse leicht werden. Hier ist ein weiterer Horizont auf den *Großen Frieden* aufgerissen, den wir meinen.
Für Nietzsche ist die Frage von Krieg und Frieden keine nur politische oder ethische, sondern eine ästhetische und ontologische Problematik. Er erkennt auch die Gefährdung des falschen Friedens. Mit ihm hat man es zu tun, wo ein Friedensschluss nicht auf eine heitere Grundhaltung trifft, auf den Frieden mit sich selbst.
Nietzsches Friedenserwartung artikuliert sich in der Maxime, „sich wehrlos machen, während man der Wehrhafteste war; aus einer Höhe der Empfindung heraus, das ist das Mittel zum wirklichem Frieden, welcher immer auf einem Frieden der Gesinnung ruhen muss: während der sogenannte bewaffnete Friede, wie er jetzt in allen Ländern einhergeht, der Unfriede der Gesinnung ist: Lieber zugrundegehen als hassen und fürchten: und zweimal lieber zugrunde gehen als sich hassen und fürchten machen: dies muss einmal auch die oberste Maxime jeder einzelnen staatlichen Gesellschaft werden!".

II.
Jacob Burckhardt, der große Baseler Historiker und Begleiter Nietzsches bis zu dessen Zusammenbruch, schließt seine Gedanken zum Kriege an den Heraklit-Spruch „Polemos pater panton" an. In Burckhardts Erläuterung bedeutet dies: „Der Gegensatz Ursache alles Werdens, aus dem Widerstreit der Kräfte die Harmonie". Heraklits Palintonos/palintropos harmonia wird also „concordia discors" und Weltgesetz. Im 20. Jahrhundert sagte es Sri Aurobindo in seiner west-östlichen Verschränkung so: „Wir müssen aufhören, den universellen Zerstörer abzulehnen, zu hassen oder vor ihm zurückzuschrecken".
Und Peter Sloterdijk erinnerte in der pazifizierten Welt der globalen Welt daran, dass es, wenn auch nicht der schrecklichen Kriege, so doch der „Zornsammelstellen" bedürfe, als Ausdruck einer „kathartischen Kraft" einer Kultur.

Burckhardts hauptsächliches Interesse gilt indessen nicht dem Krieg, sondern der epochalen Crisis. Länger als eine Generation nach einer solchen Krise bedürfe die Menschheit, um sich wieder einzupendeln. Die einzelnen Kriege seien Symptome, Stufungen und Facetten der Krise. Erst aus ihr seien sie zu deuten.
Auch den Terror als Epiphänomen der Krise hat Burckhardt eigens thematisiert. Daher geben seine Analysen auch einiges für die neuen privativisierten low intensity wars zu verstehen: „Terrorismus mit der bekannten Ausschließung der Bedrohung von außen, während er aus der höchst gesteigerten Wuth gegen zum Theil unfaßbare innere Feinde entsteht; sowie aus dem Bedürfnis nach einem leichten Mittel des Regierens".

Terror wird sich immer maßlos entwickeln. Wenn er nachlässt, verliert er an Terrain. Daher seien Vergeltungen unumgänglich.

Das, woraus Kant noch den ewigen Frieden erhoffte, „das Oecumenische, der falsche Optimismus", ist für Burckhardt gerade die Täuschung. Man verwechsle Staat und Gesellschaft. Der Staat verliere seine Prägemacht über die Gesellschaft. Damit wird ein Grundereignis im europäischen Bürgerkrieg der Moderne namhaft gemacht.

Die pathische Geschichtsauffassung, der Mensch wie er ist, war und immer sein wird, trägt sich in die sich immer wieder verändernden Begleitumstände ein. „Die Menschen sind Menschen im Frieden wie im Kriege: das Elend des Irdischen hängt ihnen in beiden Zuständen gleich sehr an."

Auch bei Burckhardt kann man, ähnlich wie bei seinem großen Antipoden Hegel das Argument finden, der lange Friede entnerve und schwäche. Er verdicke die Luft. Das 20. Jahrhundert hat gelehrt, dass man in einer Zeit, in der die Zerstörung der Menschheit insgesamt möglich scheint, mit dem drohenden Krieg sehr viel behutsamer umgehen muss. Seine Ächtung ist unumkehrbar geworden. Er scheint keine veritable Option der Menschheit zu sein. Somit bedarf es heute mehr denn je eines nicht-entnervenden und nicht-schwächenden, sondern schöpferisch-starken und evolutiven *Großen Friedens*.

III.
Ein Addendum scheint noch angebracht.
Clausewitz sah das Symptomhafte der Revolutionskriege darin, dass in ihnen gleichsam das Wesen des Krieges zu

sich selbst komme. Diese eigentlich spannende Zone markiert aber auch die Grenze von Clausewitz' eigenem Verständnis des Krieges.

Gelöst von allen konventionellen Schranken sei dieser Krieg mit seiner ganzen natürlichen Kraft losgebrochen. Dass diese Schranken im Wiener Kongress wieder aufgerichtet werden sollten, kommentierte Clausewitz mit Skepsis. Sei dergleichen ‚Restitution' überhaupt möglich? Jedenfalls werde es nicht mehr sein wie zuvor. Die klassische Kriegführung war ihm zufolge auch eine Frage von Takt und Urteil. Die Grenzen mussten jeweils bestimmt werden, auch in der Abstimmung von Zweck und Mittel, so dass die Kampfhandlungen nicht ins Unendliche ausgreifen sollten. Clausewitz spricht nicht nur von Takt. Er sieht darin zugleich auch ein künstlerisches Moment. „Einer großen und allgemeinen Revolution kann Europa nicht entgehen[...]. Nur die Könige, die in den wahren Geist dieser großen Reformation eingehen, werden sich erhalten können". Die Zwischenzeit zwischen alten und neuen Kriegen bedarf einer „Ambivalenz der Urteile", wie Clausewitz es genannt hat. Die Kriege sind Nationalkriege. Als solche müssen sie das europäische Gleichgewicht nicht notwendigerweise erschüttern. Sie folgen aber zugleich der Eskalationslogik des Revolutionskrieges, der alle implizite Verständigung aufbricht.

IV.

Diese Realität der Krise hatte Burckhardt vor Augen. Und eben hier setzt auch die Kriegsanalyse von Marx und Engels an. Sie gehen primär den ökonomischen Unterbauphänomenen nach, der Veränderung des Antlitzes des Krieges durch die Veränderungen im

Zuschnitt der Waffen. Massenheere sind damit eine Folge der Entfesselung im Zeichen der Französischen Revolution. Kriegstechnik, Erweiterung der Artillerie, und zugleich die Massierung des „Menschenmaterials" zeichnen die neuen Kriege aus. Hinzu kommt die industrielle Produktion der Waffen. Engels meint darin aber eine Dialektik des Militarismus zu erkennen, eine Eskalation bis zum „Overstretch", so dass die Kriege am Ende aus der Geschichte verschwinden würden. Dies analysiert Engels in Analogie zu der Selbstdynamik des Bourgeois und seiner Aufhebung. So schlägt das Fürstenheer um in ein Volksheer. „Die Maschine versagt den Dienst, der Militarismus geht unter an der Dialektik seiner eigenen Entwicklung." Solche Prognosen und Ausprägungen eines Wishful Thinking stehen im Zusammenhang mit älteren Überlegungen, die Engels zusammen mit Marx entwickelt hatte. „Mag Europa verfault sein, ein Krieg hätte jedoch die gesunden Elemente aufrütteln müssen; ein Krieg hätte manche verborgenen Kräfte wecken müssen, und sicherlich wäre unter 250 Millionen Menschen so viel Energie vorhanden gewesen, dass wenigstens ein ordentlicher Kampf zustande gekommen wäre".

Dies bedeutet auch, dass Engels nicht auf eine Hegung setzte, sondern auf die Expansion, die Krieg und Militär wie von selbst zur Implosion treiben würden. Debatten zwischen Generalstab und Kriegsministerium, wie mit dieser neuen Massenbewegung umzugehen sei, würden hohe Sprengkraft enthalten. „Der Militarismus", so schreibt er angesichts der Flottenrüstung, „beherrscht und verschlingt Europa. Aber er trägt auch den Keim seines eigenen Untergangs in sich". Später, lange nach Marx' Tod 1893, hat Engels jene Überlegungen modifiziert. Er fragt: Kann Europa abrüsten? Und meditiert über die Unberechenbarkeit des Krieges. Sie ist offensichtlich im marxistischen Begriffsarsenal nicht hinreichend zu erfassen.

Es war einige Zeit hindurch Engels' Absicht gewesen, die Weltgeschichte der Kriege in Entsprechung zu jener der Produktivkräfte zu schreiben. Dabei hat Engels insbesondere die Rückständigkeit Russlands unterstrichen. Und er hat Sympathie für die preußische Armee bezeugt. Damit verbindet sich die Erkenntnis, dass sich durch neue Technologien (Eisenbahn und Telegraphie) alles verändert, so dass die Mächteverhältnisse nicht ohne weiteres prognostizierbar sind.

In seinen Überlegungen zur Veränderung des Krieges hat er die Möglichkeit von Einkreisungsschlachten reflektiert und unter anderem sogar den Schlieffenplan antizipiert. Ein deutscher Angriff auf Frankreich werde sich über Belgien entwickeln. Engels geht also, ganz im Unterschied zur alteuropäischen Konzeption von Clausewitz, von einer technikbedingten Eigenlogik des Krieges aus. „Es gibt im Krieg nur eine richtige politische Linie: Mit der größten Schnelligkeit und Energie daran zu gehen, den Gegner zu schlagen und zu zwingen, sich den Bedingungen des Siegers zu unterwerfen". Politik werde dabei eine geringe Rolle spielen. Gegenüber der spätaufklärerischen Vorstellung von Comte und anderen, dass Commercium und ökonomische Entwicklung wesentlich zum Frieden beitragen, immunisiert sich Engels.

FÜNFTES KAPITEL: KRIEG IM 20. JAHRHUNDERT

Linien und Strukturen

I.
Die europäische Gleichgewichtsordnung war durch den Wiener Kongress noch einmal restituiert worden. Dennoch gärte es auf dem Kontinent unverkennbar.
Hegung, sowohl strategisch als auch durch Toleranz und Humanität, sollte im ideologischen „Zeitalter der Extreme" versagen. De Gaulles und Arons Benennung des 30jährigen Krieges des 20. Jahr zeigt zugleich die Linien ins Chaos, das Ende des bürgerlichen Zeitalters, und ganz in diesem Sinne war es gemeint, wenn George F. Kennan den Ersten Weltkrieg als „Urkatastrophe des 20. Jahrhunderts" beschrieb. Es brach ein entfesseltes Zeitalter an. Der Erste Weltkrieg war nicht geplant. Man träumte von einem kurzen Waffengang, glaubte aber wohl nicht so recht daran.
Am Anfang stand die lange schwärende Balkanische Frage, Wiens Taumel, in einer Konstellation, in der die Österreichisch-Ungarische Doppelmonarchie nur untergehen konnte und dieser „kranke Mann Europas" die ganze westliche Welt mit sich in den Abgrund riss. Ein starres Bündnissystem führte zur immer weitergehenden Ausdehnung des Konfliktherds. Dies ist am Ersten Weltkrieg das Bemerkenswerte. Er beanspruchte und band riesige Finanzmittel, zerbrach massenhaft Leiber und Geister. Clausewitz hatte bereits von einem „absoluten Krieg" gesprochen. Er hatte zugleich unter allen Umständen davon abgeraten, sich in dessen Sog ziehen zu lassen. Nach innen bedeutete dieser erste

„absolute Krieg" militärisch stringente Ordnung, nach außen aber Chaos.
Das deutsche Kaiserreich endet faktisch mit dem ersten Kriegstag, an seine Stelle tritt die wirtschaftliche und militärische Diktatur unter der Obersten Heeresleitung. Am Ende des Krieges standen Patt und wechselseitige Blockade zwischen Reichstag und Oberster Heeresleitung (OHR). Die ungeheure Ausweitung – zur See, in die Luft, Giftgas – zeigte erstmals einen Krieg, der keine Begrenzung mehr kennt.
Im Verlauf des Krieges wurden nicht nur die technischen Mittel entfesselt. Von der Truppenbewegung hin zum Zermürbungskrieg reichten die taktisch strategischen Veränderungen. Am Beginn ritt noch die Kavallerie. Die Infanterie erlitt einen starken Bedeutungsverlust. Maschinengewehre etablierten sich als neue Waffen, Gasangriffe bewirkten vorher ungekanntes Elend. Die Schlachtschiffe sahen sich dem U-Bootkrieg ausgesetzt.
Man kann am Ersten Weltkrieg auch ablesen, was ‚Wille zur Macht' ist. Die im Konflikt liegenden Mächte wollten sich total. Deshalb lag die Vernichtungsabsicht nahe. Es ging noch einmal um den Nationalstaat, aber auch um universale Ideen: Wilsons zehn Punkte Programm etablierte eine neue humane Richtlinie: to make world safe for democracy. Dem standen Lenins Ausblicke auf die Weltrevolution und der Imperialismus der alten Mächte gegenüber.
Die Pariser Vorortverträge vermochten keinen Ausgleich herzustellen. Die Zwischenkriegszeit enthielt letztlich schon den Keim des künftigen Krieges in sich. Es war ein europäischer Waffenstillstand, mit der Garantie des limitierten deutschen Nationalstaats. Deutschland ging nach innen ökonomisch potent aus dieser Konstellation

hervor. Es sollte aber für lange Zeit nicht zum Frieden nach innen finden. Die Propaganda, dass man im Feld ungeschlagen geblieben sei und der ‚Oktroy' von Versailles gaben der Revanche mehr Autorität als den tastenden Versuchen der Vernunftrepublikaner. Die Möglichkeiten eines Bündnisses mit der Sowjetunion wurden militärisch ausgelotet, obwohl im Inneren die Kommunisten den Klassenkampf predigen. Allmählich erst wird von umkämpften und bedrohten Politikern wie Stresemann und Rathenau der Handlungsspielraum nach außen gefestigt. Dabei bleibt die Civitas aber nach innen immer stärker belagert.

Es ist zu konstatieren, dass die Weltlage in den 20 Jahren Waffenstillstand und Zwischenkriegszeit sich nicht grundlegend verändert hat. Es blieb bei einem fragilen Geflecht aus sieben Großmächten. In deren Innerem sind große Umbrüche zu verzeichnen, eine pazifistische Grundhaltung; auch in den USA gilt der Eintritt in den Krieg letztlich als eklatanter Fehler.

Reflexionen über den Krieg prägen die Literatur. Sie reichen in Deutschland von ‚Im Westen nichts Neues' von Remarque bis zu Jüngers ‚In Stahlgewittern'. Der Heroismus Homerischer Helden konfligiert mit der blinkenden Materialschlacht am Kriegsende. Kampf sollte im vitalistischen Sog noch einmal als Rausch evoziert werden. Leben heißt töten. Grauen und Schock werden zu einer technisch stoizistischen Haltung, der Desinvoltura, und damit auch zum Kunstwerk umfiguriert. K. H. Bohrer hat dies treffend als ‚Die Ästhetik des Schreckens' benannt. Diesem Geist hat der Filmregisseur Zack Snyder 2007 in seinem Film ‚300' ein cineastisches Denkmal gesetzt. Zugleich damit kommt das Große Tier im Krieg zur Sichtbarkeit. Das

Verhüllte, Verborgene wird sichtbar, nachdem sich die Membranen der Zivilisation als wenig fest gefügt erwiesen haben. Dies bedeutet auch, dass der Mensch sich selbst begegnet und Grund hat, sich vor sich selbst zu grausen. Seit Baudelaire ist er außermoralisch als Dandy und Märtyrer zu verstehen. Das Grauen figuriert als „das erste Wetterleuchten der Vernunft". Doch die alten Prägungen bilden keinen Habitus mehr aus. Der Gegenhalt des Glaubens gegen die allumfassende Auflösung wirkt fragil. „Zerrissene Tornister, abgebrochene Gewehre, Zeugfetzen, dazwischen in grausigem Kontrast ein Kinderspielzeug, Granatzünder, tiefe Trichter der krepierten Geschosse, Flaschen, Erntegerät, Löcher [....] vielleicht die Gerippe der unglücklichen Hausbewohner, die von den überaus geschäftigen Rattenschwärmen benagt werden, ein Pfirsichbäumchen, das seiner stützenden Mauer beraubt ist und hilfesuchend seine Arme ausstreckt". Der Wille zur Macht, die totale Mobilmachung als Grundschicht des Lebens bedeutet auch, dass allenthalben Tod und Untergang zu erwarten sind. Wenn der Soldat, der nur eine Maske des Arbeiters ist, zum umfassenden Typus wird, der auch nicht mehr wie im Klassenkampf zu einer Befreiung gebracht werden kann, so wird in die Illusion eines Menschheitsfortschritts ein Leck geschlagen. Der Unbekannte Soldat mit seiner Gasmaske wird zur Allegorie des Zeitalters. Die Maske bedeutet den Abzug aller Individualität, auch die Differenz der Geschlechter schmilzt. „Technik statt Lyrik", so bringt Spengler in derselben Zeit den neuen Geist auf den Begriff. Und dahinter gewahrt er das eiserne Herz einer Aufrüstung, die Zivilität nicht mehr als Lebensform den Selbstzweck zulässt.

Spengler las dem eine tiefgehende Zäsur ab. Die Kultur läuft in die Zivilisation aus. Jene kalte Zivilisation versteht er als Erlöschen der Seele des abendländischen Weltalters. Die Hochkultur regrediert in Primitivität. Max Weber, ein Theoretiker, den man ernster nehmen muss als den Untergangspropheten Spengler, sprach von der Fellachisierung. In den Großstädten sah er die steingewordene Endphase der Kultur. Ideen werden durch Zwecke, Symbole durch Programme ersetzt. Das Schlagwort gewinnt seine Dominanz. Masse und neuer, nur von ihr legitimierter Cäsar berühren sich in ihren Energien, wobei sich der Sterbeprozess der Kultur über eine lange Zeit erstrecken kann.

II.
Die Macht zur Mobilmachung ging im ‚Zeitalter der Extreme' auf Ideologien zurück. Die Russische Revolution neigte nicht zu Weltuntergangszynismen. Sie schrieb dem Kampf eine zentrale Rolle zu. Lenin bemerkt in seiner Schrift ‚Was tun?' (1902): „Die Geschichte aller Länder zeugt davon, dass die Arbeiterklasse ausschließlich aus eigener Kraft nur ein trade-unionistisches Bewußtsein hervorzubringen vermag". Deshalb rät er einerseits zur Agitation. Den avantgardistischen Kern der neuen Revolution bilden Parteiagitatoren. Sie wirken auf das Absterben des Staates und seiner inneren Befriedung ein. Es bedarf aber der Flankierung durch die Geheimpolizei, die ‚Tscheka', jene „Außerordentliche Kommission zur Bekämpfung der Konterrevolution und Sabotage". Sie setzt mit allen Mitteln einen außerordentlichen, durch nichts zu hegenden Vernichtungskrieg nach innen ins Werk. Zerstörung des Gegners und der irgend Verdächtigen ist

die Ausgangsposition der Pax Sovietica. Ungefähr 15.000 Hinrichtungen datieren allein in das Jahr 1918. Dies sind zwei bis drei Mal so viele Tötungen wie in neunzig Jahren Zarenherrschaft. Der Geheimdienstchef Dscherschinski dekretierte: „Wir brauchen keine Justiz, wir brauchen den Kampf bis aufs Messer." Das letztentscheidende Dogma ist die strikte Parteilichkeit. Unter dieser ideologisch extremen Explosion kann es letztlich keine Mitte und keine Neutralisierungen nach innen oder nach außen geben.

Basil Liddell Hart lehrte in diesen Zeitläuften noch einmal das britische Grundkonzept des Krieges als einer Art von Sport. Die Narrheit bestehe in der „preußischen Marseillaise", für die er, unzutreffend genug, Clausewitz verantwortlich macht, so als wäre die ‚levée en masse' eine Clausewitzsche Idee gewesen. Diese Marseilleise bestehe darin, möglichst viele Männer mit möglichst vielen Waffen zusammenzubringen.
Motorisierte Streitkräfte bringen eine zuvor nicht geahnte Beschleunigung mit sich. Neue – spieltheoretische – Überlegungen können von hier her angestellt werden; wie Schnelligkeit mit Heimlichkeit und Überraschungsangriffen zu verbinden wären, so dass ein „indirekter Ansatz" der Kriegführung zu gewinnen sei.
Ludendorff dagegen diagnostizierte und propagierte in seinem Werk ‚Der Totale Krieg' eine gleich mehrfache Totalisierung: totaler Einsatz sämtlicher Ressourcen, totale Anstrengung der Nation, die allein dem Kriege zu dienen hätte. Die Rede vom Krieg als der „ultima ratio regis", und dem Primat der Politik (Clausewitz) sei preiszugeben. Noch aber blieb eine Unterscheidung in Kraft: jene zwischen den zivilisierten Kriegen in Europa,

und den unzivilisierten Kolonialkriegen, wie z.B. die Italiener in Äthiopien mit dem Zweck der Aufstandsbekämpfung einen führten.

Die strategisch taktische Debatte der Zwischenkriegszeit kreist wesentlich um die Frage, wie der Stellungskrieg zu vermeiden ist. Giulio Douhet, ein gelernter Ingenieur, malte in seinem halb utopischen Opus ‚Il Dominio dell'aria' den Sog der Luftherrschaft aus. Es gehe primär um Technik, nicht um Strategie. Die Form jedes Krieges hänge von den verfügbaren technischen Kriegsmitteln ab.

III.

Wenn Karl Jaspers 1930 in seinen Betrachtungen zur ‚Geistigen Situation der Zeit' diagnostiziert: „Es ist wohl ein Bewußtsein verbreitet: alles versagt, es gibt nichts, das nicht fragwürdig wäre; nichts Eigentliches bewährt sich [...] ein endloser Wirbel im endlosen Betrügen und sich selbst betrügen. Das Bewußtsein des Zeitalters löst sich von jedem Sein", so ist dies im Blick auf Kultur und Zivilisation gesagt. Es könnte aber auch vom Krieg her formuliert sein. Die Zeiten haben sich überschlagen und die Membranen zwischen Krieg und Frieden werden dünner.

Auch Hitlers Zielsetzung war ein Krieg um alle Kriege zu beenden, die Revolution, am Ende aller Revolutionen. Dies ist ein eschatologischer Impetus, der aus den Massenideen, den neuen ‚Religionen' des Weltbürgerkriegs hervorgeht. Die Gründe für Hitlers Aufstieg sind seither immer wieder neu erklärt worden. In jedem Fall reichen ökonomische Explikationen nicht aus. In jedem Fall ist, was über ihn zu sagen ist, im Fokus des Jahres 1914 zu sehen. Hybris und Nemesis des Zerbrechens einer europäischen Ordnung sind bei Hitler vorausgesetzt.

Daher musste auch die Dynamik des Zweiten Weltkriegs eine andere sein als die des Ersten.

Die Briten gerieten ins Hintertreffen, weil ihre Armee im Umbau zu einer Wehrpflichtarmee begriffen ist. Auch die Sowjetunion schien nach der Aufkündigung des Hitler-Stalin-Paktes, Hitlers einsamer Entscheidung, zur Beute zu werden. Nach dem Angriff am 22.6.1941 war zunächst ein noch schnelleres Vorrücken als nach Frankreich möglich. Doch die großen Entfernungen, die Unklarheit der Kriegsziele bargen hohe Risiken. Leningrad wurde lediglich belagert, nicht erobert. Der globale Krieg und der totale Krieg entspannen sich zu einem so zuvor nicht gekannten Geflecht. Hitlers Krieg entfesselte zugleich den singulären Massenmord. Eine Hölle war geöffnet, die nur durch die physische Vernichtung der Menschheit überboten werden kann. Hitlers Politik macht die Sowjetunion und die USA zu Verbündeten, eine in der ideologischen Tarierung der Zwischenkriegszeit schier undenkbare Situation, die aber ihrerseits großen Konfliktstoff barg.

IV.

Die Frage nach der Nachkriegsordnung bedeutete einen neuen „starting point". Es ging um die Ordnung einer Konkursmasse und darum, wie man überhaupt Rechtsfähigkeit in den „Katarakten des 20. Jahrhunderts" schaffen könne.

Ambivalenzen und ungeklärte Momente waren Teil des Londoner Zusatzprotokolls. Und es entsprach nur der Vernunft des Augenblicks, dass man keinen Friedensvertrag und keine endgültigen Lösungen anzielte.

Potsdam sei, so sagte es der Außenminister Georges Bidault, der Entscheidungspunkt, der die Welt vereinigt oder entzweit. Damit wurde offensichtlich, dass die Sieger zwei verschiedene Kriege gekämpft und auch zwei verschiedene Strategien verfolgt hatten. Alfred Weber diagnostizierte seinerzeit den „Abschied von der bisherigen Geschichte". Daran ist zumindest richtig, dass eine world restored weder vorgesehen, noch möglich war. Alexandre Kojève sah mit der bipolaren Konstellation und keineswegs mit einer Auflösung ihrer Dissonanz das ‚Ende der Geschichte' bezeichnet. Die deutsche Frage bedeutete damit eine strategische, zugleich aber auch eine ideologische Trennlinie, die in der Jahrhundertmitte zwischen Sowjetmacht und Wilsonian Democracy verlief.

Die Berlinkrisen zeigten diese neue Welt hart am Rande der Zersplitterung. Klar ist, dass Europa der sowjetischen Bedrohung nicht allein standhalten kann. Der Zeithistoriker Wolfgang Hanrieder sprach von der „doppelte[n] Eindämmung", vor der Roten Armee und vor den Deutschen, und er formulierte deren Regularium in der folgenden Weise: „To keep the Russians out, the Americans in and the Germans down". Die Bombe, die die Welt in einen permanenten Bedrohungszustand versetzte, schaffte ohnedies eine neue Realität.

Auch Raymond Aron, der französische Denker des Nuklearen, replizierte mit einer knappen Formel auf die bipolare Weltlage: „Frieden unmöglich – Krieg unwahrscheinlich".

Karl Jaspers analysierte in seiner immer weiter angewachsenen Schrift ‚Die Atombombe und die Zukunft des Menschen' die Bombe als Widerstreit zwischen von Vernunft und Widervernunft. Daraus ergebe sich eine Lage der wechselseitigen Bedrohung. Die Erinnerung an Kants Schrift zum ewigen Frieden rückte einen solchen Friedensbegriff in weite Vergangenheit. Der Friede sei angesichts der tödlichen Bedrohung ein Gebot der Vernunft. „Eine schlechthin neue Situation ist durch die Atombombe geschaffen. Entweder wird die gesamte Menschheit physisch zugrunde gehen oder der Mensch wird sich in seinem sittlich-politischen Zustand wandeln". Dies nötige elementar dazu, aus dem ethischen Natur- in einen ethischen Ordnungszustand überzugehen.

Scheitern war schon in Jaspers' früher Existenzphilosophie die entscheidende Instanz. Von diesem Nullpunkt aus sei zu einem tieferen menschlichen Habitus hindurchzudringen.

Dieter Henrich sollte die nihilistischen Potentiale der nuklearen Waffe einige Jahrzehnte später, eben am Ende des Kalten Krieges, als Herausforderung einer ‚entzentrierten Moral' begreifen, – die Paradoxie einer Strategie, die alle Erfindungskraft und strategisch-taktische Phantasie aufbietet, um Waffenarsenale zu etablieren, die gerade *nicht* zum Einsatz kommen.

Denker des Nuklearen im totalitären Zeitalter: Raymond Aron als Fallstudie

I.

„Une réflexion sur le XX-ième siècle", nicht mehr, nicht weniger, sollte nach Arons eigener Aussage ein Jahr vor seinem Tod sein Lebenswerk sein. Die Schrecken und Unfassbarkeiten dieses Jahrhunderts legen es nahe, auf den klugen engagierten Beobachter zu hören. Diese Reflexion kreist, flankiert von anderen Motiven, vor allem um zwei Themenbereiche: das Problem des Totalitären und die Frage internationaler Beziehungen im Zeitalter des Kalten Krieges und im Schatten der nuklearen Waffe. Die erste Frage ging unmittelbar aus den Jugenderfahrungen Arons hervor, die zweite war eine Konsequenz aus der ersten, aus ihr geboren, da die Jahre des Kalten Krieges Europa als ohnmächtigen Kontinent im Schatten des sowjetischen Einflussbereiches sahen. Für Aron spitzte sie sich auf das Problem zu, ob am Ende eines Jahrhunderts der „guerres en chaîne", eines dreißigjährigen totalen Krieges, dessen Geschichte die Folie für seine Reflexionen abgibt, ein dritter alles vernichtender Schlagabtausch nach den Gesetzen der Plausibilität unabänderlich ist oder nicht.

Auf ganz unterschiedlichen Ebenen exponiert Aron diese Themen: das reflektierende Oeuvre ist als intellektuelle Autobiographie, als politischer Traktat über das geteilte Europa, „geschützt durch den Nuklearschirm der Vereinigten Staaten" und zugleich von der nuklearen Apokalypse bedroht, als nachträgliche Rekonstruktion des Dreißigjährigen Krieges des 20. Jahrhunderts, seiner Zivilisation, ihrer Zerstörung und der möglichen Lehren aus ihr zu lesen und ebenso als Soziologie westlicher und östlicher Gesellschaften – Soziologie dabei im Sinn Max Webers und Carl Schmitts als für historische Vielheit offene und von ihr dependente Typologie verstanden. Alle diese Aspekte sollen aber im Sinn Arons, der sich stets zuerst als Philosoph verstand, Thema einer Philosophie als Weltwissenschaft in historischer

Tiefenperspektive sein. Sie hat als historische Vernunftkritik mit ethischen Implikationen wieder ihre Zeit in Gedanken zu fassen, – unabschließbar und unvollkommen diesmal, doch dafür verantwortbar und allen Utopien fern.

Was bleibt am Ende eines Lebensweges, den der gerade zwanzigjährige Raymond Aron unter das bewusst agnostische Motto „Faire son salut laic" gerückt hatte, sich damit an den Glauben der Philosophen haltend, der im Zweifel besteht. Erst aus der Rückschau wird die Möglichkeit eingeräumt, dass durch das Vakuum an transzendentem Glauben Wesentliches ungesagt blieb, denn „die Wissenschaft wird niemals etwas hervorbringen können, was dem Bund des jüdischen Volkes oder der Offenbarung Christi vergleichbar wäre."
Melancholie und verhaltene Resignation, und zugleich eine anhaltende analytische Fähigkeit zur Differenzierung seiner Beobachtungen kennzeichnen Arons späte Gegenwartsdiagnostik: so plädiert er für Europa, obgleich er den alten Kontinent in einen Zustand machtpolitischer und ethischer Dekadenz eintreten sieht. Unfähig sich selbst zu verteidigen, ganz auf die „imperiale Republik" Amerika gestützt, hat es einen Ort am Weltmarkt, nicht jedoch im zwischenstaatlichen System gefunden. Kissingers Wort über die prosperierende Bundesrepublik des Wirtschaftswunders: „Eine Ökonomie auf der Suche nach einem Staat" weitet Aron auf Alteuropa insgesamt aus. Nicht nur faktisch ausgetilgt, auch angesichts der Zangenlage im Schatten des sowjetischen Weltreichs unpraktikabel und politisch unklug scheint ihm die einstige Tugend der „virtù", der

gestaltenden Kraft großer Staatskunst auf der Suche nach „grandeur". Und der späte Aron denkt auch nicht, wie etwa Karl Jaspers, an Kompensationsmöglichkeiten durch eine abendländische Sendung. Europas Schicksal bleibt zweideutig; allein der ökonomische Erfolg berechtige dazu, eine Stabilität in der Dekadenz zu erwarten, ist doch die Effizienz noch immer auf Seiten des Westens, sein ‚Fin de siècle' könne länger dauern als der stabilisierte Totalitarismus par excellence, *das Sowjetreich*.

Doch sieht Aron in seinen letzten Jahren die liberale Demokratie noch aus anderen Ursachen erodieren. Dies ist der mit de Gaulle geteilte tiefskeptische Blick auf die alten und neuen „incertitudes allemandes", die mit der Friedensbewegung ein neues Gesicht bekamen. Die Atlantische Allianz werde durch eine deutsche Politik unterhöhlt, „die eine amerikanische Armee auf ihrem Territorium behalten (möchte), ohne die Männer im Kreml zu verärgern". Eine tiefe Ursache dieser Skepsis ist Arons traumatischer Ärger über die Studentenunruhen von 1968 – zumal über die Nachgiebigkeit des damaligen Premiers Pompidou.

Liberale Gesellschaften bedürfen, so beharrt er wider alle Attacken – darunter eine letzte, jeden Rest von einstiger Freundschaft aufkündigende, von Sartre – der Selbstdisziplinierung, andernfalls bleibt nur mehr die Wahl zwischen Polizeistaat oder Anarchie. Will man Arons Haltung richtig verstehen und nicht hinwegdiskutieren, so gilt es zu sehen, dass Aron keinesfalls erst 1968 bemerkte, dass die westlichen Gesellschaften verwundbar – nach einem Wort von Paul Valéry – sterblich waren. Dies war vielmehr die Grunderfahrung seiner frühen Dreißiger Jahre, als er den Aufstieg Hitlers in

Deutschland miterlebte; und gespensterhaft gewahrte Aron im explosiven Karneval des Mai 1968 eine Wiederkehr des Gleichen: wieder mit ungewissem Ausgang. Das zentrale Thema von Arons Denkweg, das für ihn zugleich das zentrale Thema des 20. Jahrhunderts ist: die totalitäre Erfahrung und die Eindämmung totalitärer Bedrohung, schien ihm deshalb im Alter neu und brennend akut.

Zwar thematisierte Aron während der Siebziger Jahre auch die neuen Krisenbögen der Weltpolitik neben dem Ost-West-Konflikt: die Nord-Süd-Problematik, das Pulverfass im Mittleren und Nahen Osten, die Ölkrise als den großen Schock für die ‚Ökonomie auf der Suche nach einem Daseinszweck'. Doch überwucherten sie niemals das skizzierte Leitthema.

Arons Grundstimmung einer resignationsumspielten Skepsis ist indes vielfach nuanciert: Signum dafür ist, dass er einem Isolationismus, wie ihn der alte George F. Kennan vertrat, in seinem letzten Buch „Jahre der Entscheidung" eine entschiedene Absage erteilte. Der „Moralist der Einseitigkeit und Realist des Verzichts" Kennan hatte in einem Encounter-Artikel vom März 1978 bemerkt, er könne nur mehr wenig Sinn darin erkennen, dass sich die atlantische Allianz zusammenschließe, um die Porno-Shops der Washingtoner Innenstadt zu verteidigen. Auch dieses Plädoyer für ein neues Disengagement verstand Aron als einen gespensterhaften Wiedergänger der Geschichte: nämlich als Wiederkehr der in seiner Jugendzeit allgegenwärtigen Appeasement-Haltung von Intellektuellen, nachklingend im Gespräch mit einem Freund, der ihn noch 1939 gefragt hatte, weshalb man den dekadenten „Paris Soir" gegen den „Völkischen Beobachter" verteidigen solle.

II.
Wie aber wurde einer, der er am Ende ist? Der Blick geht zu Arons Aufenthalt an der Universität Köln im Institut von Leo Spitzer von 1930 bis Frühjahr 1933 zurück, von dem an er Deutschland als Schicksal begreifen sollte und das deutsche Schicksal als Schicksal Europas. Diese Jahre waren Kern des Bildungsromans von Aron, dem 1905 geborenen Sohn aus jüdisch assimiliertem, wohlhabendem Haus, dessen Vater Professor für Recht an einer Höheren Handelsschule gewesen, dem also die Höhen der akademischen Elite versagt geblieben waren.
Während des Deutschlandaufenthaltes wird Aron Zeuge der „letzten Höhepunkte des Kinos und Theaters der damaligen Zeit", die ihm aus der Rückschau der Memoiren bereits unter dem Zeichen des Untergangs zu stehen scheinen. Er nimmt an mehreren Kundgebungen Hitlers und Goebbels' teil, erlebt zusammen mit dem engen Freund Golo Mann am 10. Mai 1933 schweigend versunken die Bücherverbrennung am Kurfürstendamm in Berlin mit und hört einen anderen engen Freund sagen: „Den Frühling (1933, H.S.) können sie uns schon nicht nehmen". Während andere aus dem engeren Kreis, Manès Sperber etwa, seinerzeit noch Kommunist, einen Aufstand erwarteten, war Aron schon seinerzeit nüchterner und skeptischer. Seine Abneigung gegen Ideologie, zumal in ihrer Amalgamierung mit dem Totalitarismus, gewann erstmals Konturen; erst recht als er erfuhr, wie sich der Umbruch 1933 „fast unbemerkt" in schweigender Akzeptanz vollzog. Über dieser

Erfahrung erst eignet sich Aron die ihn später kennzeichnende Haltung des „engagierten Beobachters" an, die auch zu philosophischen Konsequenzen nötigte: zur Preisgabe eines neukantianischen Universalismus, wie er ihn von Léon Brunschvicg, seinem Philosophielehrer an der Sorbonne, erlernt hatte. Aron beginnt nach einer Methode zu suchen, die es erlaube, „im Lichte der Soziologie" und der Historie zu philosophieren und er entdeckt in diesem Zusammenhang sowohl das Werk Max Webers als auch die Phänomenologie Husserls, die er – wie Simone de Beauvoir berichtet hat – in zündenden nächtlichen Gesprächen Sartre nahebrachte. Diese intellektuellen Aneignungen gehen mit einer intensiven Auseinandersetzung mit dem Marxismus einher, an dem Aron einerseits seine eigenen politischen Ideen überprüfen und den er andererseits von ihnen her hatte kritisieren wollen: er war ihm erkenntnisfördernder „Stachel des Fremden."

Marxlektüre und Zeitbeobachtungen machten dem jungen Aron jedoch auch ganz anderes bewusst: das Ungenügen seiner Kommentare, die er seit 1932/33, von Deutschland aus, in „Europe" veröffentlichte. Fehlte es ihnen doch an harten ökonomischen Analysen, war in ihnen doch noch immer die Grundstimmung des idealistischen Pazifismus seines anderen Lehrers Alain vorherrschend. Etwa gleichzeitig also – in jenen fatalen Umbruchsjahren, als die Weimarer Republik im Sterben lag, entdeckt Aron Deutschland, die eigene Philosophie und die Politik. Eine Folgerung aus dieser Lage und Selbstverständigung war es, dass er sich mit Einschränkungen Trotzkis Analyse der Hitlerschen Reichstagsrede vom 17. Mai 1933 anschloss, wonach

Hitlers Politik, ungeachtet aller Friedensbeteuerungen, ein imperialistisches Konzept, nach Westen wie nach Osten, implizieren würde.

Darüber ist nicht zu vergessen, dass diese Jahre auch eine Zeit der „éducation sentimentale", waren, katalysiert durch Tagungen im Kloster Pontigny in der Nähe von Paris, wo Aron 1932 seine spätere Frau Suzanne Gauchon kennenlernt, eine enge Freundin von Simone Weil. In ihr konnte er aus der Distanz die Heiligkeit transzendenten Glaubens wahrnehmen – wie man vermuten darf eine immer verschwiegene arkane Folie für seine Rede von „politischen Religionen".

'Education sentimentale' sind die deutschen Jahre auch, da der eklatante nazistische Antisemitismus Aron sich seines Judeseins als eines Momentes seiner selbst inne werden lässt. Sehr verhalten wird er sich hinfort so definieren: „Je suis un citoyen francais d'origine juive mais cette origine ne touche pas à l'essentiel de moi-même. "

Was folgte, soll nur in groben Strichen skizziert werden. Seit 1934 ist Aron Lehrer in Le Havre, auf einer vorher vom petit camerad Sartre bekleideten Stelle, während Sartre die Position, die Aron zuletzt am Institut Francais in Berlin innegehabt hatte, übernimmt; wenig später kehrt er an die Ecole normale Superieure zurück, seinen Posten als Leiter des sozialen Dokumentationszentrums als finanzielle Basis für seine Habilitation nutzend. Seit 1940 gehört er in London der Widerstandsbewegung um de Gaulle an, ein zeitlebens ambivalentes Verhältnis beginnt, denn der scharf diagnostizierende Skeptiker Aron wollte sich nicht mit dem rhetorischen „fanatisme gaullien" abfinden. Er wurde Chefredakteur der demokratischen Monatszeitschrift „France libre", 1944 kehrt er nach Frankreich zurück, geprägt durch das angelsächsische Ethos liberaler Demokratien und durch die Schriften Tocquevilles, die allererst durch Aron in Frankreich heimisch werden sollten. Es folgen zehn Jahre, die Aron aus der Rückschau ‚fast wie verloren' erschienen – als ‚illusion sans lyrisme': die Mitbegründung der Zeitschrift „Les temps modernes", deren Herausgeberkreis zunehmend von Sartre dominiert wird, ein Jahr beim intellektuellen Gegenpol „Combat", die Mitgliedschaft in der R.P.F., einer von de Gaulle unterstützten Partei, der gegenüber Aron seine Vorbehalte nie ganz aufgab.

Seine Zeit als Leitartikler beim „Figaro" beginnt 1948. Die materiale Grundlage von Arons großen politischen Diagnosen wird hier gelegt. Er erweist sich eher als Atlantiker denn als Gaullist, als dezidierter Gegner des französischen Indochina-Krieges und Verteidiger der amerikanischen Intervention in Korea. Vor allem ein Leitmotiv hält sich in allen seinen seismographisch präzise auf die politische Situation reagierenden Texten deutlich, dass nationale Interessen an ihrer Bündnisfähigkeit haften. Hatte Aron während seiner Zeit als Journalist Vorträge und Lehrveranstaltungen an verschiedenen Hochschulen (vor allem der 'Ecole Normale d'Administration') gehalten, so blieb er umgekehrt, 1955 an die Sorbonne berufen, Leitartikler. Die Ereignisse von 1968 bewogen ihn, sich von der zur Massenuniversität degradierenden Sorbonne abzuwenden, er wurde Professor an der VI. Sektion der "Ecole pratique des Hautes Etudes", eine Episode, die mit der Berufung ans Collège de France schon 1970 endet.

Als Arons Erinnerungswerk 1983 erschien, im Sommer, kurz vor seinem Tod, fiel auf, dass das Selbstporträt unter weitgehender Aussparung des Privatlebens auskam. Um so bemerkenswerter sind die wenigen Abweichungen von diesem Grundsatz, darunter der bewegende Bericht über die Embolie, die ihn im April 1977 ereilte und durch die er, eine besonders schmerzliche Erfahrung, die Fähigkeit verlor, perfekt deutsch zu lesen und zu schreiben. Als gestundete Zeit schien ihm von da an alles, was noch kam. Das letzte Wort sollte ein vielschichtiger Blick auf das Ende des Jahrhunderts sein, die Jahre der Entscheidung und die „gefährlichsten" Jahre des Säkulums zugleich, wie Aron in gebrochener Anspielung auf Spengler im Titel festhielt, ein letzter Beitrag zu dem Lebensthema „réflexions sur le XXieme siècle", *des* Jahrhunderts, dessen große Kriege nach Nietzsches Prognose im Namen von Philosophien geführt werden. Dieser große Text blieb Fragment, Aron starb im Oktober 1983 auf den Stufen des Pariser Justizpalastes, seit 1968 Persona non grata linker Intelligenz und erst in der allerletzten Lebenszeit zunehmend als großer liberaler Konservativer anerkannt.

Es ergeben sich also die Umrisse einer vielfältigen, auch enttäuschungsreichen Biographie, die als *Leben in Brüchen* zu verstehen ist, wenn man sie im Verhältnis zu de Gaulle einerseits, zu Sartre andrerseits interpretiert. In der Verfremdung durch beide kam Aron vielleicht erst ganz zu sich: durch de Gaulle zu seiner nüchtern abwägenden Analyse internationaler Beziehungen, durch Sartre zu einem spezifischen Begriff des intellektuellen Ethos. De Gaulle blieb Aron eine zwielichtige Gestalt, nicht frei von obskuren Zügen.

III.
„Unmöglicher Friede – unwahrscheinlicher Krieg", die Formulierung dieses Dilemmas markiert 1948 in Arons Buch „Le grand Schisme" den Anfang einer langen Geschichte der Analyse des kategorial neuen Charakters der neuen Waffe, der die politisch Handelnden in eine aporetische Rolle zwingt. Allgemein gesprochen sind sie dazu genötigt, die eigene Zivilisation, die westliche Welt, in eine Geiselrolle gegenüber der östlichen Hemisphäre zu bringen; hypothetisch das Schattengespenst vor Augen, dass, „wenn die Abschreckung versagt, Verteidigung und Zerstörung zusammenfallen in letzter Absurdität". In einer Geiselrolle gegenüber der totalitären Sowjetunion war Europa, der geteilte Kontinent, aber seit 1945 in jedem Fall. Die Einsicht in die Zangenlage zwischen einer zweifachen Hölle, der totalitären und der nuklearen, teilt Aron mit Karl Jaspers, er zieht daraus aber einen ungleich härteren Schluss. Im Zentrum seiner Erwägungen steht nicht die freiheitlich republikanische Sendung der Geisel, die aufgrund ihres Herkommens Sachwalter eines neuen Weltethos sein könne, sondern der – von Jaspers in Umrissen durchaus erkannte – reale politische Machtverlust, angesichts einer Polarisierung der Weltteile, also einer potentiell planetarischen und damit totalen Außenpolitik. „Es gibt kein europäisches Konzert mehr, sondern nur mehr ein Welt-Konzert" konstatierte Aron deshalb.
Deshalb versucht er in einer großen Studie – *„Paix et Guerre"* – diese in einer Vielzahl von Kommentaren im „Figaro" seismographisch reflektierte Problematik einzukreisen. Im ersten Teil dieser Arbeit, die vielperspektivisch und probabilistisch verfährt, gewinnt die atomare Weltlage in mehreren grundlegenden

Unterscheidungen als dialektisches Dilemma Kontur. Einerseits wird die Dialektik zwischen bipolarem und multipolarem Charakter zwischenstaatlicher Verhältnisse umrissen: während Multipolarität eine Staatenwelt ausgeglichener Machtverteilung und innenpolitischer Ordnung, wie der Monarchien im „Ius Publicum Europaeum", voraussetzt, ist Bipolarität immer schon durch eine Störung des polyphonen Konzerts bedingt: das Machtgewicht zweier Staaten dominiert die anderen. Der Verlust der alten Ordnung.

Daneben besteht in einem Gefüge heterogener Staaten, anders als in einem homogenen Staatenzusammenhang, die Neigung, die Rebellen und Dissidenten der anderen Seite zu unterstützen. Subversion, Terror, Piraterie oder Partisanentum avancieren zu möglichen Mitteln der Politik.

Frieden und Krieg rücken in der nuklearen Weltlage in ein unauflösliches, enges dialektisches Wechselverhältnis. So sieht Aron, dass keine der alten Formen des Friedens, durch Gleichgewicht, einseitige Hegemonialstellung oder durch die Einschmelzung der Vielstaatlichkeit in ein Imperium in den Fünfziger Jahren mehr Bestand hat oder auch nur zu wünschen ist. Die thermonukleare Zerstörungstechnik führt vielmehr zum kriegerischen Frieden (Terrorfrieden), dadurch definiert, dass jede Einheit potentiell die Fähigkeit besitzt, die andere tödlich zu treffen. Keinesfalls also setzt der Terrorfriede eine nukleare Pattsituation voraus. Aron erkennt, dass diese Lage zu einer Amalgamierung von Strategie und Politik nötigt, eine Einsicht, die ihn auf längere Frist zu seinem Studium des Clausewitzschen Denkens führen wird.

Zugleich spitzt sich die Beziehung von Krieg und Frieden damit auf eine Aporie zu, die gleichfalls Carl Schmitt in ähnlicher Schärfe erkannte: dahin nämlich, dass sich gerade durch seine völkerrechtliche Ächtung der Krieg „immer mehr jedes Friedenselements entblößt" habe und nun drohe, unter der Schreckensfratze der potentiellen Ausrottung ganzer Völker wiederzukehren. Im neuen Kontext des Zeitalters der Nuklearwaffen ist daher nach einem rationalen Kalkül zu fragen, das diese Entwicklungstendenz einhegen könnte. Die Suche nach einem derartigen Kalkül hat freilich von den Gegebenheiten auszugehen: so wird die Beziehung zwischen Strategie und Diplomatie unter den skizzierten Voraussetzungen hochgradig gespannt sein: denkt die letztere doch nach wie vor in Kategorien von Bündnis und nationalem Interesse, und ist die erste doch einer hyperbolisch planetarischen Situation ausgesetzt, die diese Bindungen immer wieder als Anachronismen erscheinen lassen muss. So analysiert Aron das Verhältnis zwischen der Sowjetmacht und Amerika als eines zwischen feindlichen Brüdern, die bei aller Gegnerschaft doch ein gemeinsames Interesse daran haben, sich nicht gegenseitig zu zerstören, was auf Seiten Amerikas mehrfach schon dazu geführt habe, dass die Interessen der Verbündeten nicht in aller Konsequenz vertreten wurden – ein Dilemma, das sich in aller Schärfe in der Doppelkrise des Jahres 1956, in Suez und bei der Niederschlagung des Ungarnaufstandes, zeigte.

Es ergibt sich freilich noch ein weiteres, von Aron schon sehr früh scharf profiliertes Dilemma: auch in der nuklearen Weltlage ist daran gelegen, dass die Differenz zwischen freier westlicher Welt und totalitärer Sowjetmacht erkennbar bleibt: es kann also nicht darum gehen, sich den Feind zum Beispiel zu nehmen. Den nicht zu vernichten, der uns vernichten will, müsse höchste westliche Maxime bleiben. Diese asymmetrische Problemkonfiguration bündelt Aron im dritten Teil seines Buches, einer ‚Praxeologie', die nur antinomisch formuliert werden kann. Leitsatz ist die Einsicht, dass im nuklearen Zeitalter „überleben siegen heiße", eine ambivalente Formel, da sie umkehrbar sein muss und deshalb bedeutet, dass der Westen stets ein doppeltes Ziel zu verfolgen habe, nicht besiegt zu werden und einen thermonuklearen Krieg zu vermeiden. Angesichts des Terrorfriedens bedeutet dies, wie Aron in kristallinischer Härte sieht, dass die Strategie des Westens nicht auf Verteidigung, sondern auf Abschreckung setzen muss. Später, während der Siebziger Jahre namentlich, erwuchs daraus eine sich ständig potenzierende Dialektik zwischen Modernisierung von Waffensystemen und nicht selten den nächsten technologischen Schritten bereits vorgreifenden Abrüstungsverhandlungen – jene Logik des NATO-Doppelbeschlusses, die Michael Stürmer knapp dreißig Jahre später, unmittelbar vor dem Ende der alten Ost-West-Konfrontation brillant auf den Begriff bringt, dass nukleare Waffen vermindert werden und dieser Prozess politisch kontrolliert vonstatten gehen müsse, dass sie aber nicht vergessen werden können, und dass „nach einem ausgewogenen build-down" der Rest umso „lebenswichtiger für den strategischen Zusammenhang des atlantischen Systems" bleibe. Im Grundzug ist diese Einsicht Aron bereits im Jahr 1962 eigen.

Es ist diese Kondition, unter der er seine Maxime für das nuklearapokalyptische Schachspiel formuliert: „Das diplomatisch-strategische Handeln wie auch das technische kann nur vernünftig sein, wenn es berechnend ist [...]. Mangels strenger Kriterien kann es nicht sagen, welches die vernünftige Reaktion des anderen wäre. Es kann und muß hoffen, dass diese Reaktion vernünftig sein wird".

Das Fazit von „Frieden und Krieg" erscheint ambivalent: einerseits zeigt Aron ungleich deutlicher als Karl Jaspers, dass es unabdingbar ist, die Aporie der nuklearen Situation zu erkennen und zu bestehen. Die Moral des nuklearen Weltalters wird deshalb janusköpfig sein müssen. Es gilt, den Forderungen von heute gemäß zu handeln, „ohne den Hoffnungen der Zukunft zu widersprechen," was bedeutet, dem Widerspruch ins Auge zu sehen, dass die Geschichte gewalttätig und das Ideal friedfertig ist. Der legalistische Weg ist nach dem Einsturz des „Ius Publicum Europaeum" illusionär, der Weltstaat dagegen wäre allenfalls in nach-totalitären Zeiten denkbar – und auch dann nur als föderales, die politische Form des Staates und seiner Souveränität wahrendes Gebilde.

Gemäß seiner ethischen Geschichtstheorie scheint Aron aber anzudeuten, dass diese große Aporie der Gegenwart eng mit der Zerrissenheit der „Conditio humana" verflochten bleibt: „Überlassen wir anderen, die für Illusionen zugänglicher sind, das Vorrecht, sich in Gedanken an das Ende des Abenteuers zu versetzen, und versuchen wir, weder die eine noch die andere der jedem von uns auferlegten Pflichten zu versäumen: uns nicht aus einer kriegerischen Geschichte fortstehlen, aber auch nicht das Ideal verraten; denken und handeln in der festen Überzeugung, dass die Abwesenheit des Krieges so lange zu bewahren ist, bis der Friede möglich sein wird – sofern er überhaupt je möglich sein wird".

Zum zweiten konkretisiert sich nun ein Problem, dass in *"Krieg und Frieden"* noch ausgeklammert geblieben war: die Frage, inwiefern Nuklearstrategie- und -politik Normalfall seien, oder per definitionem regellos – „la guerre sauvage", wie der Schmitt-Schüler Rüdiger Altmann meint. In „Le Grand Débat" und in anschließenden Disputen mit McNamara schneidet Aron dieses Problem aus der Perspektive des Zweideutigkeitscharakters von Beziehungen zwischen Gegnern an. Den ‚Bluff' versteht er als integrales Moment derartiger Kontakte, zumal in Krisen, während McNamara einem idealtypischen Verbindung von Verhandlung und Abschreckung das Wort redet: nach dem Muster eines strategischen Balletts, „ungefährlich nicht, aber festen Regeln folgend, jeder Schritt abgezirkelt, Unberechenbarkeit verpönt."

Inmitten solcher Versuche, in die Logik des nuklearen Extremfalls Einblick zu tun, tut sich ein weites philosophisches Fragefeld auf; die Problematik, ob der Ernstfall den Notstand erfordert oder eine spezifische Form praktischer Vernunft. Ersteres ist die Antwort von Carl Schmitt und der seinen, letzteres unstrittig die von Aron. Freilich ist dem Aporetiker Aron die Zuversicht nicht mehr zu eigen, die in dem Kantischen Postulat mitschwingt, dass sich der demokratische Staat in ein republikanisches ethisches Gemeinwesen transformieren müsse. Seine Forderung an die Vernunft fällt härter und nüchterner aus. Einer nuklearen ‚ultima ratio' kann ein liberaler demokratischer Verfassungsstaat nur dann standhalten, wenn er er selbst bleibt, und wenn zu diesem partiellen Zweck alle Mittel politischer Führungskunst angewandt werden. Im *Ziel*, den liberalen Verfassungsstaat nicht preiszugeben, geht Politik mit Moral in eins.

Die *Mittel* seiner Realisierung erfordern indes Erwägungen, durch die die Moral erweitert und entzentriert wird, die jedenfalls keineswegs immer mit dem in ethischen Nahverhältnissen Gebotenen konvergieren. Daraus kann, wie Aron in einer von schweren Gewissensskrupeln belasteten Auseinandersetzung mit Solschenizyn eingesteht, die Notwendigkeit „partieller und unvermeidlicher Amoralität der Außenpolitik" folgen. „Eine Demokratie kann und darf das innere Regime der Staaten, mit denen sie Verbindungen pflegt, nicht ignorieren, aber sie kann und darf auch keinen Kreuzzug führen, um ihre eigenen Institutionen" durchzusetzen: dieses Dilemma gründet sich freilich nicht nur auf die Gefährdungen des nuklearen Zeitalters, sondern ebenso auf den Charakter der westlichen Demokratien gegenüber der totalitären Bedrohung. Zu erinnern ist deshalb noch einmal an die Formulierung der gleichen Asymmetrie, „dass wir den nicht vernichten wollen, der uns vernichten will".

Die ‚Amoralität' muss aber partiell bleiben, andernfalls könnte sich das demokratische Gemeinwesen nicht mehr selbst begründen und erhalten. Unverzichtbare Pfeiler seines Selbstverständnisses, mit denen es steht und fällt, sind Aron die Menschenrechte und eine, die "Freiheiten" des einzelnen garantierende Staatsform. Sie sind in den internationalen Beziehungen etwa im KSZE-Prozess, wie indirekt und diskret auch immer, stets mit zur Geltung zu bringen.

Deshalb setzt Aron seinen Grundsatz so fort: „Wir wollen den nicht zerstören, der uns zerstören will, sondern ihn zur Toleranz und zum Frieden bekehren": in undialektischer Lesart wäre dies ein unakzeptables abstrakt pazifistisches Prinzip im Stil Alains, in der

Dialektik gelesen, die ihm Aron zugrunde legt, wird der Satz hingegen zum Fluchtpunkt sittlicher Orientierung im Moratorium nuklearen Friedens.

IV.

Neu belichtet wird die nukleare Problematik in historischer Perspektive im Clausewitz-Buch. Mit Clausewitz den Krieg zu denken, heißt, sich expliziter als zuvor seinem neuen Charakter im thermonuklearen Zeitalter zu stellen, was für Aron auch bedeutet, dass die Frage wieder aufzunehmen und zu verschärfen ist, ob die Atomwaffen „nicht der historischen Phase der totalen Kriege ein Ende setzen würden", jener seit Napoleon ausgeprägten Dialektik, in der die absolute Vernichtung des Gegners als Voraussetzung eines diktierten Friedens erscheint. Den Krieg zu denken, bedeutet für Aron aber zugleich, seinen Chamäleonscharakter, unterhalb der nuklearen Sphäre, in den Blick zu nehmen, ein weiteres Novum des späten 20. Jahrhunderts: vom terroristischen Akt bis zum Flächenbombardement –, „niemals war der Krieg so vielgestaltig, niemals so allgegenwärtig. Die Zeit der Revolution und der Napoleonischen Kriege ist nur ein müdes Abbild eines spektakulären Horrorstücks, vergleicht man sie mit dem 20. Jahrhundert".

Diesem doppelten Fragenhorizont nähert er sich in einer subtilen philologisch historischen Clausewitz-Kritik an, wobei er sich gerade an die Ambivalenzen und Brüche hält, die Clausewitz' Werk durchziehen. Der Blick des im Ancien régime beheimateten Clausewitz schwenkt bekanntlich zwischen den begrenzten Kabinettskriegen des 18. Jahrhunderts und der „levée en masse", die ihn beide faszinierten. Einerseits eignete sich Clausewitz während des Russlandfeldzuges die Einsicht an, dass die Defensive der Offensive überlegen sei – wie Aron zeigt, ist sie aber immer wieder durch die Überzeugung des Strategen durchkreuzt, dass das Schwert dem Florett, dass ein absoluter Krieg mit dem Ziel, den Feind zu zerschlagen den nur relativen Kriegszielen beschränkter Gebietseroberungen vorzuziehen seien. In Arons Lesart wird deutlich, dass sich diese Widersprüche auf das Kernthema der Verknüpfung zwischen militärischer und politischer Sphäre konzentrieren. Eben auf diese Fluchtlinie hin liest er die große Formel vom Krieg als der Fortführung der Politik mit anderen Mitteln. Der Krieg besitzt, so reformuliert er das Verhältnis brillant, zwar eine eigene Grammatik – eine Grammatik der Eskalation bis zum äußersten und der Omnipräsenz von Gewalt, über die sich die Politik keiner Täuschung hingeben dürfe. Doch ist ihm keine innere Logik eigen. Sie kann ihm nur von der Politik aufgeprägt werden. In eine militärisch strategische Maxime übersetzt, bedeutet dies, dass der militärische Sieg nur Mittel zum Zweck des Friedens sein könne. Was Aron leitete, diesen Kern so scharf herauszuschälen, dürfte, wie ich mit Ralf Dahrendorf vermuten möchte, die synthetische Kraft gewesen sein, die er Clausewitz' Erwägungen abspürte. Fließt doch in dessen Phänomenbeschreibung des Krieges eine seltsame Trias aus Leidenschaft – verkörpert in der Rolle des Volkes in der ‚levée en masse' des frühen 19. Jahrhunderts, freier Gemütsbewegung – im Kriegsführer kristallisiert – und Verstand – der Politik als personifizierter Intelligenz des Staates – zusammen. Die Crux ist also, dass Clausewitz Handlungsfreiheit des Einzelnen und Ereigniszwang zusammendenkt. Noch in einer anderen Hinsicht ist diese Trias bemerkenswert: die freie Gemütsbewegung bedeutet nicht temporäre totale Freiheit des Militärs, sie ist vielmehr ein zwischen den Polen von Verstand und Leidenschaft vermittelndes Vermögen.

Clausewitz' Wirkungsgeschichte wird dann als eine Geschichte der Mißverständnisse, der karikierenden Einseitigkeiten namentlich im Schlieffenplan und in Ludendorffs Schriften interpretierbar, wobei Aron zeigt, dass die dialektische Trias je verschieden zerrissen wurde: im Maoismus durch die Akzentuierung allein des ersten Gliedes, in der sowjetischen Perzeption in der alleinigen Betonung des dritten. Im Zusammenhang derartiger Zerrbilder sieht Aron auch Clausewitz' Klassifizierung – als Vordenker der Material- und Vernichtungsschlachten des Ersten Weltkrieges durch den britischen Militärhistoriker Liddell Hart.

Clausewitz entwickelt seinen Begriff des Krieges als einer „Steigerung bis zum äußersten" idealtypisch vom Duell aus, der nicht weiter diminuierbaren "Willensprobe unter Einsatz physischer Gewalt". Die historische Phänomenfülle des Kriegsgeschehens wird dann in dieses bewusst und in der Absicht, einen reinen, unkontaminierten Kriegsbegriff zu gewinnen, einseitig umrissene Skelett nach und nach wiedereingeführt: das Zeitelement, die retardierenden Momente im Kriegsgeschehen, bedingt durch die „Asymmetrie zwischen Angriff und Verteidigung", die Perzeption der feindlichen Absichten und, schließlich, die politische Prägung der Kriegsgrammatik.

Für Arons Reflexion der *nuklearen Weltlage* war von Clausewitz in mehrfacher Hinsicht etwas zu gewinnen: mit Clausewitz denkt Aron das Motiv eines Primates der

Politik über die militärischen Mittel konsequent weiter und führt, vor dem faktischen Hintergrund der Dialektik von ‚deterrence' und ‚détente' während der Siebziger Jahre, pazifistische Träumereien aller Art ad absurdum: schärfer als je zuvor erscheint ihm nun ein Kreuzzug für den Frieden nach der Art Wilsons oder die Vorstellung, einen dauerhaften Friedenszustand durch die Ausschaltung des Aggressors herstellen zu können, als die Kehrseite des „absoluten Krieges". Teil dieser Illusion ist die pazifistische Annahme, dass der Abschied von allen, insbesondere den neuen apokalyptischen Waffen zugleich bedeute, den Frieden zu sichern. Im Licht von Clausewitz' Denken begreift Aron vielmehr die Logik der Abschreckung als „Wechsel ohne Barzahlung", als eine Bedrohung, deren per se politische Logik in dem einzigen Zweck besteht, „ihrer Umsetzung in die Wirklichkeit zuvorzukommen". Dass diese Konstellation eine Stabilität auf Zeit sichern könne, ist die große Wette der Vernunft, die Aron als ein Fazit der Zwiesprache mit Clausewitz exponiert. Eine Wahrscheinlichkeitsannahme dafür, dass ihr Kalkül aufgehe, bezieht er aus der Ausdifferenzierung verschiedener Ebenen des Krieges in weitgehender Autonomie, eben aus dessen zeitgenössischem Chamäleonscharakter. Dieser ermögliche es, die „ultima ratio" gleichsam unter Paralyse zu halten, was vielfache Beispiele untermauern: der Koreakrieg blieb von den Kernwaffen der Vereinigten Staaten unbeeinflusst. China griff 1950 ein, obgleich es weder im Besitz nuklearer Waffen noch einer schlagkräftigen Abwehr war. Skeptisch dagegen beurteilt Aron die Frage der Begrenzbarkeit eines Nuklearkrieges, *nachdem* der first strike stattgefunden hat. Dies zeigt via negationis etwa der Umstand, dass die Bombardierung Nordvietnams zwar als Androhung einer Steigerung bis ins äußerste angelegt war, nicht aber als glaubwürdig perzepiert wurde: erst der faktische Einsatz von Nuklearwaffen bezeichnet den Point of no return und damit eine absolute Eskalationsschwelle.

Am Ende von Arons Studien zur nuklearen Weltlage klafft also nur folgerichtig eine Aporie auf, die keinesfalls in beruhigende Rechtsgarantien, einen Vertrag des *no first use* wird umgemünzt werden können, ist doch die Vertragssprache, wie Aron weiß, zu indirekt, formal und damit zu deutungsoffen, um über die Festlegung gemeinsamer Obergrenzen hinausgehende Absicherungen fixieren zu können – und selbst diese Festlegung war 1976 noch keinesfalls in Sicht. „Wer immer heute über Kriege und Strategie reflektiert, errichtet eine Barriere zwischen seiner Intelligenz und seiner Humanität". Einen im höchsten Grad unmoralischen Gedanken, die millionenfache Menschenvernichtung, muss er, wie auch immer, in sein Kalkül einbeziehen. Unverzichtbar scheint es deshalb, den Einblick in die nukleare Weltlage als kaltes Geschäft zu betreiben, das aber umso mehr eines konkreten Ethos, einer aus eigener Lebenserfahrung beglaubigten Leidenschaft, bedarf, um nicht der offenen Amoralität strategischer Szenarien zu verfallen. Für Aron ist die Erinnerung an die Bücherverbrennung vom Mai 1933 Garantin dieses ‚Pathos der Distanz'. In anderen Zeiten und von anderen Weltorten aus, werden es andere Leidenschaften sein, fügt er hinzu, seine Perspektive als eine Perspektive neben möglichen anderen kennzeichnend. Doch eines solchen Ethos, das der konzeptionellen Äquilibristik historieferner Planspiele und Modelle abgehe, bedürfe die planetarische Politik in jedem Fall.

Diese ethische Problemsicht bringt schließlich Aron dazu, Clausewitz' Leitformel vom „Krieg als der Fortsetzung der Politik mit anderen Mitteln" als *unumkehrbar* zu verstehen. Die Umkehrung ist deshalb unakzeptabel, da das Kriegsgeschehen eo ipso durch die tendenzielle Omnipräsenz von Gewalt charakterisiert ist. Dass diese latent auch im ‚nuklearen Frieden' gilt, ist Aron deutlich; dennoch hat er, ohne sich über dessen faktische Abwesenheit einer Täuschung hinzugeben, eine andere, unabhängig vom Krieg zu definierende Struktur des Friedens als Orientierung weltpolitischen Handelns vor Augen. Hielte man an dieser Annahme nicht fest, so würde sich die These vom Vorrang der Politik vor der militärischen Aktion, der ‚Logik' vor der ‚'Grammatik'', selbst aufheben.

V.

Was bleibt von Arons lebenslanger insistierender Reflexion heute, mitten in den ‚Jahren der Entscheidung', denen sein letztes Buch galt, ohne dass er ahnen konnte, wie sie werden würden? Die Welt hat, seit 1989 der Ost-West-Gegensatz verschwand, ihr Antlitz verändert. Es kam zu einer Erschütterung der weltpolitischen Tektonik, wie sie auch Aron nicht prognostizieren konnte. Doch nicht der amerikanische Traum vom „End of history", ein weiterer Utopismus, wie Aron so viele ohne Erbarmen zerlegte, der „Clash of civilizations" und die Erosion der

westlichen Zivilisationen, die Wiederkehr der Geschichte, ist Thema des Tages.
Zwar sind Arons Fragen zu einem guten Teil noch die unseren – sie sind es aber in veränderter Gestalt, denn der 'Status quo' des Kalten Krieges, gebannt durch die Drohung der nuklearen Waffe, war ein Ordnungsfaktor, wie wenig wünschenswert dieser Zustand auch erschien; die gegenwärtige Weltlage hingegen ist durch Unordnung und Unsicherheit geprägt. Nicht einmal ein ‚Status quo' scheint in Sicht. Die Fortschrittskrise, die Aron spätestens seit Mitte der Sechziger Jahre sich abzeichnen sah, ist nach Ende der Ost-West-Konfrontation evidenter als je. Nach dem Niedergang ihres totalitären Gegenpols liegen die Schwächen der offenen Gesellschaften ungeschützt bloß. Die Erosion innerer Bindungen, die Überdehnung der Freiheit im Namen der Freiheit lassen sich nicht länger übersehen. Aron wusste bereits in seiner Zeit um diese Tendenzen, er wusste um die Unzulänglichkeit des dekadenten Europa und nahm doch keinesfalls an, dass es seinen Primat nur dank der schwarzen Gegenfolie der Einparteiendiktaturen bewahren könne. Wie er vor allem seit 1968 betonte, setzt diese Erwartung indes voraus, dass die Freiheiten an Bürgertugend zurückgebunden werden, der Pluralismus an die Kenntnis der eigenen Kultur, und die Fähigkeit wie auch den Willen zu Dialog und Aneignung des Fremden.
Als geschichtlicher Denker weiß Aron auch darum, dass dergleichen nicht selbstverständlich ist: „Die Vielfalt der Kulturen ist der Vielfalt der Künste vergleichbar. Man soll die Vielfalt bewundern und nicht über die Anarchie klagen. Wir im Westen sind gefordert. Mehr als alle anderen Kulturen haben wir ein Bewusstsein dieser

Vielfalt gewonnen und trachten nach universalen Wahrheiten oder Werten. Dieser Widerspruch wirkt auf unser historisches Bewusstsein ein und zerreißt es, aber wir sind durchaus fähig, ihn zu überwinden und zumindest zu ertragen."

Ja, die damit aufgeworfene Frage, wie das Existenzrecht aller Kulturen mit der eindeutigen Zugehörigkeit zur eigenen Kultur zu vereinbaren sei, lässt sich als ein Leitthema seiner Weltpolitischen Betrachtungen verstehen, ob sie der nuklearen Weltlage oder ob sie der totalitären Erfahrung gelten.

Auch in diesem Sinn hat Aron gelehrt, dass die Weltlage internationaler Beziehungen transnationale Komponenten hat, dass jedoch die Nationalstaaten und nationalen Interessen deshalb keinesfalls alle ihre Bedeutung verlieren. Eben dies ist angesichts der neuen Weltunordnung wieder ins Gedächtnis zu rufen – zumal in der Nation, die keine sein will (Christian Meier). Damit geht aber auch ein Verständnis des Staates als einer nicht disponiblen politischen Form einher, als einer unverzichtbaren Ebene aller Integration einerseits und Föderalisierung andrerseits.

Aron verwies auf Clausewitz und damit auf die Unverzichtbarkeit der schwierigen Beziehung von Diplomatie und Strategie. Nach Ende des Ost-West-Konflikts und angesichts des Blutstromes im ehemaligen Jugoslawien scheint dieser Gedanke höchst akut. Zudem dürfte Arons Erwartung, dass die nukleare Eskalationsschwelle umgangen werden könne, heute eher bessere Aussichten für sich haben als seinerzeit. Wie eindringlich Aron auch betont, dass Ziel allen politischen Handelns eine Weltordnung ist, in der durch gemeinsame

Interessensbildung und Zusammenarbeit Kriege undenkbar werden, warnt er doch vor illusionären Politik- und Daseinsformen, die suggerieren, sie wäre schon eingetreten. Auch dieser Warnung hätten wir uns heute zu erinnern.
Doch nicht nur solche Züge aus Arons großer und vielperspektivischen Rekonstruktion des Kalten Krieges sind festzuhalten, auch die Folgerung, die er aus seiner Ausgangserfahrung 1933 zog, sind es: vor allem der scharfe Einblick in den Totalitarismus. Angesichts der Ungewissheit der künftigen Entwicklung in den GUS-Staaten wäre er vielleicht heute in die Maxime Michael Stürmers umzugießen: „Es geht um die Frage, ob es in politischen, strategischen und wirtschaftlichen" – man müsste hinzusetzen: ethisch-kulturellen – „Begriffen den Westen weiterhin geben wird und ob er einen Teil des früheren Ostens umfasst".

So nahe also Aron den drängendsten weltpolitischen Gegenwartsfragen ist, so sehr bleibt doch, was er gedacht hat, neu und anders zu denken.
So wäre die deskriptive Kraft seiner Totalitarismus-Theorie zu bewahren, begrifflich zu schärfen und historisch zu vertiefen. Wie wir sahen, müsste dabei Arons Konzeption von den ‚politischen Religionen', so klarsichtig sie auch ist, an vielen Punkten korrigiert werden. Vielleicht noch brisanter, weil nicht so sehr eine Frage angemessener Erinnerung und gelehrter Forschung, sondern zukünftiger politischer Welt-orientierung, scheint eine Fortführung des Nachdenkens über die nukleare Weltlage. Der verhaltene Kantianismus in Arons Beschreibung einer Sittlichkeit, die temporär das Unsittliche zu denken und in die eigenen Planungen

einzubeziehen, nahelegen kann, ist in Dieter Henrichs Konzept einer Vertiefung von Primärregeln des sittlich Guten im Zusammenhang seiner „Ethik zum nuklearen Frieden", dem nach Jaspers zweiten Beitrag großer deutscher Philosophie zum Problem der nuklearen Waffen, in eindrucksvoller Weise fortgeführt worden. Doch auch dieser Entwurf erschien kurz vor Ende der alten Ost-West-Konfiguration: im Sommer 1990. Heute dagegen sind die nuklearen Waffen in ganz anderer Weise zur Frage geworden. Der bipolare Bann ist gebrochen und die Welt wird Proliferationen und die Gefahr von Nuklearwaffen in Händen islamischer Theokratien sehen.

Daher gilt es, die ethische und politische Diskussion über die Rolle der neuen Waffen in der internationalen Politik der Gegenwart neu aufzurollen: sie wird sich indes schwer definieren lassen, wenn überhaupt. Nukleare Potentiale fügen sich nicht mehr in die Schachbrettdialektik des Kalten Krieges ein, sie sind zur ungezähmten Bedrohung der Welt geworden, nicht mehr sind sie ein äußerster strategischer Rahmen des Gleichgewichts.

Auch sind in einer Diagnose heutiger Gegenwart Fragen des anderen Ernstfalls der ökologischen Gefährdung zu thematisieren, die bei Aron schlechterdings nicht vorkommen, deren Reflexion indes der Nüchternheit seines Blickes bedürfte.

Zuletzt und zuerst bleibt aber, als authentische Gegenprobe gegen totalitäre Verführbarkeit, Arons eigene Intellektuellenexistenz zu betrachten. Verantwortlicher Berater ohne eigene politische Machtambitionen und freier Geist, dem Staat loyal, nicht einer

Partei, Publizist und Universitätslehrer, der die eigene Leidenschaft und die brennenden politischen Grunderfahrungen in kaltes Urteilsvermögen zu übersetzen verstand, der seine Grundüberzeugung nie zur Disposition stellte, doch steter Selbstüberprüfung aussetzte.

Ein Charakterzug, den er in einem späten Vortrag über Jaspers hervorhob, ist ihm selbst eigen: alle Reflexion zugleich als impliziten Versuch eines Appells an die Vernunft zu verstehen, als „Ausdruck eines Glaubens, der nicht am Menschen verzweifelt, sich aber keinen Illusionen hingibt". Mit Jaspers hebt er als Fluchtlinie des eigenen Denkens hervor, dass die Idee der Freiheit um ihrer selbst willen zu lieben sei. Ungleich verhaltener als Jaspers, enthält sich Aron aber des großen Gestus eines philosophischen Glaubens an das 'Umgreifende' und nähert sich auf ganz anderem Wegen einer Arkandisziplin angesichts der Weltlage der Gefahr: eröffnet bei Jaspers das Gebet, so bei Aron der Blick auf die menschliche Unvollkommenheit, die ‚religiöse Dimension'.

Ein intellektuelles Profil wie dieses ist im „Wahnsinn des Jahrhunderts" (H. D. Zimmermann), in Zeitläufen, die durch den ‚Verrat der Intellektuellen' (Julien Benda) gekennzeichnet sind, selten. Zu ihm gehört auch die Erfahrung des Philosophen, der auf dem Marktplatz spricht und doch alleine bleibt: sie war Aron eigen wie kaum einem anderen. Mit Aron recht zu behalten, sei schlechter als mit Sartre unrecht zu haben, ging ein stereotypes Bonmot im intellektuellen Paris der 70er Jahre. Seine Umkehrung könnte ein Gebot der Vernunft und der Stunde sein.

SECHSTES KAPITEL: ALS DER EISERNE VORHANG AUFGING – KRIEG UND FRIEDEN IN DER PERSPEKTIVE DES 21. JAHRHUNDERTS

I.

Als irrtümlich und illusionär erwies sich das Diktum des ‚End of history', das der japanisch-amerikanische Politologe Francis Fukuyama im Jahr 1989 nach dem Verlust des Ost-West-Konfliktes dekretierte. Damit war Fukuyamas Votum verbunden, dass die Systemfrage nicht mehr gestellt werden sollte. Über Liberalismus und Kapitalismus werde keine Linie der Geschichte mehr hinausführen.

Faktisch brach mit den Erbfolgekriegen im ehemaligen Jugoslawien eine neue, veränderte Situation auf: Dies bedeutete neue Kriege und das Wiederaufbrechen von Konfliktlinien, die im zivilisatorischen Prozess erledigt erschienen.

Dem korrespondierte Huntingtons weitere These, dass der ‚Clash of civilizations' auch inmitten der Städte der westlichen Welt angekommen sei.

Clausewitz' Grundbestimmung des Krieges als Fortsetzung der Politik „mit Einmischung anderer Mittel" war von ihm durch die Aussage verdeutlicht worden, „dass dieser politische Verkehr durch den Krieg selbst nicht aufhört, nicht in etwas ganz anderes verwandelt wird, sondern dass er in seinem Wesen fortbesteht, wie auch seine Mittel gestaltet sein mögen [...]. Hören denn mit den diplomatischen Noten je die politischen Verhältnisse verschiedener Völker und Regierungen auf? Ist nicht der Krieg bloße eine andere Art von Schrift und Sprache ihres Denkens?" Die Strategie könne nur die

Grammatik des Krieges vorgeben, die Politik aber sei für dessen Logik zuständig. Vergleicht man die heutige Lage, einschließlich des Terrors von 9/11, so zeigt sich das Spektrum einer Reihe ‚kleiner Kriege', denen keine Grammatik vorzugeben ist und die nicht zu hegen sind. Damit erinnert die gegenwärtige Lage an vormoderne, vorstaatliche Kriege oder an jene Kolonialkämpfe und Polizeimaßnahmen, in deren Rayon kaum Gelegenheit bestand, das Völkerrecht durchzusetzen.

Grenzziehungen müssen über die abstrakte Normativität hinausreichen, wenn sie eine Hegung der Kriege bewirken sollen: Gehegt werden müssten diese territorial, aber zugleich müsste, noch eine Schicht tiefer, die Unterscheidbarkeit von Krieg und Frieden, von Kombattanten und Non-Kombattanten gewahrt bleiben. Dies führt zugleich auf die Freund-Feind-Unterscheidung und auf die Grenze zwischen zulässiger Gewalt und einer Gewaltentfesselung. Auch sie wird in den sogenannten „low intensity wars", deren eigener Hitze- und Intensitätsgrad aber ungewöhnlich scharf ist, unterlaufen.

Die freie Mordlust erinnerten manche, die etwa auf das ehemalige Jugoslawien blickten, an die Privat- und Söldnerarmeen des 30jähriger Kriegs. Grimmelshausens ‚Abentheuerlicher Simplicissimus' hatte vor dem Hintergrund anderer Waffentechnologien schon beschrieben, was sich gerade vollzog. Auch das italienische Condottieri-System könnte ein Paradigma für die neue Unübersichtlichkeit bieten. Die Crux ist, dass die Niederlage nicht zum großen Symbol wird, sondern die unplanbare Plünderei, nicht zuletzt, weil der Sold für die Soldateska nicht zum Leben reicht.

Welche Terminologien bestimmen also die neuen Kriege? Staatenzerfall und Staatenaufbau stehen auf der

Agenda. Doch die Unwägbarkeit und Unhaltbarkeit von Staatlichkeit angesichts der herandrängenden Faktoren überwuchert diesen Zusammenhang. Wenn Grotius feststellt, es gebe kein Drittes zwischen Krieg und Frieden, so bedeutet dies auch, dass es keine klare Grenze zwischen beiden gibt. Und dies schließt die Unmöglichkeit der Eskalation ein, womit auch die Kriegserklärung als letzter Akt und der Rechtsakt des Friedensschlusses ad absurdum geführt würde.

Die Verstaatlichung des Krieges, die Staaten in die Lage versetzte, ihre militärischen Mächte dauerhaft unter ihre Kontrolle zu bringen, hat auch zur Folge, dass die Lehre vom gerechten Krieg nur noch eine anachronistische Fußnote ist. Der zwischenstaatliche Krieg impliziert die völkerrechtliche Anerkennung und den Grundsatz „Pax finis belli". Eben dies war weder das Ergebnis des Ersten noch des Zweiten Weltkriegs, der Zerfall alter Reiche und Mächte, der nicht zur Bildung stabiler Staaten beiträgt. Dass heute um die 80% der in einem Krieg Getöteten Zivilisten sind, zeigt die gänzlich veränderte Konstellation an. Der Nonkombattanten-Status ist nicht mehr eindeutig zu definieren. Dies bedeutet auch die Einschüchterung einer Zivilbevölkerung, das Paradoxon einer Ökonomie von Raub und Plünderung. Es tritt phänomenal in den Flüchtlingslagern und den Elendsströmen mit Hungernden und an Hunger Sterbenden zu Tage.

Warlords bestimmen jenseits staatlicher Hoheit die neuen Kriege. Ihr Auftreten ist in ländlichen Gebieten und in städtischen unterschiedlich ausgeprägt. Weltweit sind in diesen ersten Jahren des neuen Jahrtausends ungefähr 300.000 Kindersoldaten auf dem Weg. Für den Afghanistankrieg, für Kambodscha und für alle Teile der

Dritten Welt ist Peter Scholl-Latours Wort gemünzt: „Wer Waffen hat, der überlebt, die Hungernden bekommen was übrig bleibt." Er hat die unschöne Lage sehr nüchtern weiter so bezeichnet: „Was kann denn einem zwölf- bis vierzehnjährigen Kindersoldaten, der sonst als Straßenjunge oder Gelegenheitsarbeiter vegetiert, besseres passieren, als mit seiner Kalaschnikow die Erwachsenen zu terrorisieren und durch Blutvergießen seine Allmacht zu beweisen?"

In diesem Sog kam es zu systematischen Vergewaltigungen. In Ruanda fielen ihnen eine viertel Million Frauen zum Opfer.

Welche Begriffe treffen diese Lage? Der ‚Bürgerkrieg' ist vor allem darin, dass Bürgerkriege letztlich Bruderkriege sind und damit besonders grausame Züge annehmen, ein bleibendes Paradigma. Bürgerkriege vergangener Epochen setzten aber eine funktionierende Staatlichkeit voraus und sie wurden gemeinhin durch den Sieg einer Partei entschieden. Auch das ist heute alles andere als selbstverständlich.

Die bisherigen ‚kleinen Kriege', auf die das Epitheton der ‚low intensity wars' gemünzt war, waren Guerillakriege, von der Anti-Napoleon Guerilla bis zum Maquis, dem Widerstand im Zweiten Weltkrieg. Sie waren auch Ergänzungen zu den Kabinettskriegen seit dem 18. Jahrhundert; Formen der Absicherung in der Hinterhand und Mittel zur Demoralisierung. Damit waren sie Zuströme der regulären Kriege, wie man sie heute nicht mehr voraussetzen kann. „Wilde Kriege" und „neohobbessche Kriege" changieren zum Terrorismus.

Sie spielen sich aber auch auf ganz neuen Ebenen ab, wie dem Cyberwar. Die Zivilgesellschaft wird im Herzen ihrer eigensten technologischen Kompetenz geschlagen.

Die Machtlosigkeit von Großmächten gegenüber diesen Irregularitäten ist vielfach und beschämend zutage getreten. An Geländekenntnis kann es die Besatzungsarmee niemals mit den Partisanen aufnehmen, die „wie ein Fisch im Wasser" in der Bevölkerung schwimmen. Für den Partisanen gilt auch, dass letztlich jedes nicht Geschlagensein schon ein Sieg ist. Mogadischu 1993, als die geschändeten Leichen durch die Straßen der Hauptstadt geschleift wurden, zeigte, wie Armeeeinheiten einer Weltmacht irritierbar geworden sind. Der Tod von 18 Soldaten brachte die Amerikaner aus der Fassung.

Damit zeigen sich auch ambivalente Phänomene: Der Terrorismus bewirkt Beschleunigung, der Partisanenkrieg eine zeitlupenartige Verlangsamung. Nicht nur die causa iusta, sondern ein Endkampf ist das Ziel, eine Verächtlichmachung und totale Feinderklärung, in die die auf administrative Verrechtlichung zielende internationale Ordnung nicht hineinführt.

Neben der Kommerzialisierung und Privatisierung des Krieges ist es diese Logik des Terrors, mit der sich alles verändert. Hegel hatte, ausgehend von der Französischen Revolution, bereits konstatiert, dass im absoluten Terror jede Handlung zur Haupt- und Staatsaktionen wird, das einzelne Leben nichts zählt, nicht mehr als das Abhauen eines Kohlhauptes und ein Schluck Wasser. Die Methoden mögen sich verändert haben, die Ergebnisse nicht. Das Erfahrungsrayon reicht von den Flugzeugentführungen der PLO in den späten sechziger und siebziger Jahren bis zum RAF-Terror, was die Bundesrepublik in eine Art Geiselhaft und einen permanenten Aufrüstungszustand brachte. Die Souveränität wurde nonchalant aufgekündigt und es stellt sich die Frage, ob ein liberales Gemeinwesen dem dauerhaft gewachsen sein kann oder nicht, vielmehr: der Staat tatsächlich Züge des Zerrbildes annehmen muss, als das er erscheint.

Mediale Verstärkung und unbewusste Heroisierung ist Teil des Terrorphänomens, das zugleich in seiner Unfassbarkeit Phantom bleibt.

Ein probates Instrument ist dabei die Nutzung der zivilen Infrastruktur des Gegners.

Nicht nur die infrastrukturelle, auch die psychische Textur der High-tech-Gesellschaften ist fragil. Dies soll durch die Terrormaßnahmen in jedem Fall gezeigt werden: Es wird keine Sicherheit mehr geben; Stalker oder das Verüben von Anschlägen mitten in der westlichen Welt.

Ein Zeitalter der Nervosität konstatierten die Historiker schon im Blick auf den Beginn des 20. Jahrhunderts. Zorn und eine fehlende, sich dann aber jäh entladende Katharsis bezeichneten nach Peter Sloterdijk, dass die kalten Religionen und Systeme auf mangelnder Integrationskraft errichtet sind. Nicht zuletzt wird ihnen dann immer wieder eröffnet, dass sie eigentlich in einem wertfreien, insoweit nihilistischen Raum operieren würden.

Daraus ergab sich auch ein verändertes Mächteverhältnis. Amerikas „imperial overstretch" und der von Fareed Zakharia konstatierte „Aufstieg der Anderen" signalisieren dies deutlich. Die Prägungen des pazifischen Raums zeigt ökonomisch vor allem eines: „the world moves".

Daher wird die Antwort an die politische Philosophie der Zukunft und ihr Ethos auch dieser Polypolarität und Interkulturalität der gegenwärtigen Welt entsprechen

müssen. Heinrich Rombach sprach von den Drachenkämpfen im Blick auf die diagnostizierte neue Lage.
Man mag sich fragen, ob die neue globale Welt ‚eine Sprache' sprechen wird oder ob sie sich in einer aufeinander abgestimmten Vielheit von Sprachen bewegt.
Dabei gibt es gravierende Probleme, die die Welt als ganze bewegen: die Überschuldung und das Mangelphänomen zeigt, dass das Phänomen der Kämpfe seinerseits vervielfacht und diffus geworden ist. Es geht um Kämpfe um Wasser, den Cyberwar, psychologische Läsionen durch die neuen medialen Kapazitäten.

II.
Der Partisan wandert auf unterschiedlichen Pfaden. Die Mao oder auch Che Guevara leitende taktische Figur schrieb sich in die bipolare Welt ein. Die Linke übertrug die Vision auf die Stadtguerilla. Andere, gerade explizit rechte Denker, sahen im Partisanen die eigentliche Rettung des Humanum. Aus diesem Geist prägten Carl Schmitt, aber auch Ernst Jünger parallele Begriffsprägungen, wie jenen des „Waldgängers." Der wäre gleichsam „autochthon", er verteidige die eigene Erde. Daher sei er nicht im ideologischen Raster fixiert. Er könne revolutionäre und konterrevolutionäre Züge annehmen. Jünger benennt dies so: Es sei der „konkrete Einzelne, der handelt im konkreten Fall. Er braucht nicht Theorien, nicht von Parteijuristen ausgeheckte Gesetze, um zu wissen, was rechtens ist. Er steigt zu den noch nicht in die Kanäle der Institutionen verteidigten Quellen der Sittlichkeit hinab". Damit rückt er in die Nähe der in Goethes ‚Faust'-Dichtung beschworenen abgründigen Sphäre der Mütter. Eine gefährliche Figur, die nicht

umsonst die extreme Linke und die extreme Rechte gleichermaßen faszinierte.

Zugleich ist der Partisan politisch zwar nicht in der Regularität, aber auch nicht in der Sphäre völliger Irregularität verankert. Dies unterscheidet den Partisan vom Verbrecher:

Er sei das einzige Wesen, das nicht in der One-World-Maske des ‚Arbeiters' und ‚Soldaten' auftrete. Der Partisan folge seinem Gewissen. In einer enthegten Kriegssituation, wo der Soldat in die Nähe des Schlächters zu kommen droht, ist dies ein eigentümliches Humanum. Carl Schmitt hat dies konkreter auf das Zeitalter der Nuklearwaffen bezogen: eine absolute Feindschaft, die bezeichnenderweise auch über das Zeitalter der Nuklearkriege hinaus andauert. Wo totale Feindschaft in unbedingter Weise bestehe, dort sei eine wirkliche authentische Feindschaft, die Schmitt auf den Gedanken von der „eigenen Frage als Gestalt" gebracht hatte, unmöglich. Der Feind wird zum „Verbrecher und Unmenschen" erklärt. Für Schmitt wäre der Partisan selbst nicht ideologisch. Dies aber stellt in Frage, dass wir es unter den neuen Formen des Krieges und Kampfes wirklich mit Partisanen zu tun haben. Carl Schmitt charakterisiert den Partisanen primär im Blick auf dessen tellurische Kraft, die aber in der durchkapitalisierten Welt des späten 20. Jahrhunderts kaum mehr bestimmend und inzwischen „unter eine internationale und übernationale Zentralsteuerung" geraten sei. Der Partisan ist offensichtlich Schreck aller Sekuritätsbedürfnisse des Bürgers als Bourgeois, wohingegen der Citoyen durchaus eine Nähe zum Partisanentum aufweisen kann.

Die neuen Kriege antizipieren zumindest das Ende der Staatlichkeit. Einerseits führen sie in molekulare Detailauseinandersetzungen. Sie diffundieren sich aber auch in die globale Welt hinein. Dies wird durch die U-Bahnanschläge in Tokyo oder London erkennbar. Von hierher ist dann zu fragen, welche Politische Philosophie, aber auch Rechtsphilosophie diese Dimensionen reflektieren könnte.

Ein öffentlicher Diskurs wäre vonnöten: zwischenstaatlich und interkulturell, der aus einer komplexen Einsicht in die Weltlage hervorgeht. Die Richtungsbegriffe des Guten und des Nicht-Guten wären darin in einer entzentrierten Weise zu sedimentieren. Mehr denn je bewahrheitet sich die Einsicht, dass man auf das Gute keinen unmittelbaren Zugriff hat.

III.

Der Kalte Krieg drohte der Menschheit mit Vernichtung. Befriedungskraft hatte er nicht. Er war eher Verdrängung des ungeheuren Schreckens, dem man noch einmal – zumindest physisch – entkommen war. Aus den Kreisen der Hölle war die Kriegstheologie des 20. Jahrhunderts geboren worden. Trotzki argumentierte in seiner menschewistischen Position. Der Zweite Weltkrieg schloss auch die Dimension eines Kriegs gegen das eigene Volk ein. Dies wurde nicht nur, aber auch in der Kulakenvernichtung und der Flucht der Bauernschaft in der Stalinzeit deutlich. 60.000 Haushalte wurden im Jahr 1930 ausgelöscht. 150.000 Menschen in unwegsamstes Land deportiert, nach Nordsibirien. Es folgte die inszenierte Hungersnot 1933/34 mit Millionen Toten. Das Getreide musste abgeliefert werden. Zwang und

Folter wurden nicht nur angedroht, sondern auch vollstreckt. Die Zahl der Hungertoten stieg im Jahr 1933 auf mehrere Millionen an. Dann erst kulminierte der Terror von 1937/38 mit der Entdeckung immer weiterer Feinde des Systems, obwohl erkennbar aller Widerstand gebrochen war. Abgeurteilt wurde nur auf der Basis von Geständnissen. Der Beweise bedurfte es nicht. Und eben in dieser Zeit konnten westliche Beobachter wie André Gide oder Lion Feuchtwanger durch Rußland reisen und sehen, wie die Stadt Moskau im Glanz erstrahlte und sich voller Glück präsentierte. Der pragmatistische Philosoph John Dewey sah immerhin die Vernichtung jeder Rechtsstaatlichkeit, die sich darin manifestierte, dass keine Beweise vorgelegt wurden. Das Geständnis sollte genügen. Die meisten der Angeklagten verteidigten sich mit Würde, am Ende aber sagte Bucharin, wie in einer letzten Beichte, er sterbe mit dem Namen Stalins auf den Lippen.

Auch der Bellizismus der Faschisten ist noch einmal zu streifen. Sie begründeten sich wie die Linke auf den neuen großen Mythos, den Sorel vom „Generalstreik" erzählt hatte. Der Geist war, wo er noch genannt wurde, Vitales Prinzip. ‚Vivre',ce n'est pas calculer, c'est agir': Man zielte mit einem verhunzten und ideologisierten Nietzsche auf den Ausnahmemenschen. Giovanni Gentile hatte in seinem ‚Manifest der italienischen Intellektuellen' „eine Schule der Unterordnung des Partikularen und Geringeren gegenüber dem Universalen und Unsterblichen, Respekt vor Gesetz und Disziplin; Freiheit, die man sich mittels eines Gesetze erobert; eine harte Konzeption des Lebens, es ist ein religiöser Ernst, der die Theorie nicht von der Praxis, das Sagen nicht vom Tun unterscheidet" als elementaren faschistischen

Leitfaden benannt. Marinettis ‚Futuristisches Manifest' besiegelte dies mit einer Kulturtheologie: „Wir erklären dass sich die Herrlichkeit der Welt um eine neue Schönheit erweitert hat, die Schönheit der Geschwindigkeit [...]. Die Schönheit gibt es nur noch im Kampf. Wir wollen den Krieg verherrlichen, diese einzige Hygiene der Welt – den Militarismus, den Patriotismus, die Vernichtungstat des Anarchisten, die schönen Ideen für die man stirbt, und die Verachtung des Weibes. Grosse Menschenmengen bedingen Aufruhr, vibrierende Glut der Arsenale und Werften, die gefräßigen Bahnhöfe". Auch die Fabriken gewannen einen nachgerade sakralen Charakter.

Im Hintergrund steht die von Le Bon entwickelte Massenpsychologie. Ein politischer Glaube, der der Masse gemäß werden muss, war die Formel, die sich auch für Hitler anbot. Rasse und nicht Staat, auch nicht Reich, waren die Hitlerschen Grundbegriffe. Dies unterschied sich vom „stato totalitario" in Italien, einem unbedingten Etatismus. Hitler konnte, man weiß es zur Genüge, die alte anti-parlamentarische Rancune aufnehmen, zugleich entwickelt er aber eine anti-bürgerliche Attitude.

Der Faschismus bedeutete in jedem Fall Animalisierung des Lebens. Die Eugenik war das Instrument. Maurice Barrès und seine ‚Liga der Patrioten' entwickelten konsequent einen Kult der Erde und der Toten: Eine Erlösungserwartung, in totaler Abkoppelung von den bleibenden Prägungen des Glaubens und der Religion.

Und China fand seinen eigenen Weg in die Moderne, Kang Youwei erneuerte den Konfuzianismus. 1884/85 erscheint sein Werk ‚Da Ton' (‚Große Gleichheit' oder auch ‚Große Gemeinschaft'). Es formuliert die Zielsetzung in eine Welt-Friedensgemeinschaft mit Weltparlament und Weltregierung und ohne Klassen- und Rassenschranken. Dessen Politik sollte sich weltumspannend auswirken. Diese Welt-Ordnung (tianxia) legte einen klar universalistischen Akzent, den Sun Yatsen durch den Begriff der Nation (minzu) unterläuft.

1897, auch als Antwort auf die Demütigungen im 19. Jahrhundert, wird diese minzu: in Verbindung mit Pietät (xiao), Menschlichkeit (ren) und Liebe (ai) die große, nationalem Wiedererstarken gewidmete Friedenslehre.

Volksrechte werden aus dem Erbe der Tradition gewonnen. Der Westen soll keineswegs imitiert werden. Das Volk sei auch unter den Kaiserdynastien im Letzten frei und unbehelligt geblieben. Seine Rechte sind wesentlich auch Rechte zur Kontrolle der Herrschenden. Das Volkswohl (mingshen zhuyi) führt zu einem Begriff von Sozialismus, der aber nicht Marxismus ist. Das Zeitalter der großen Harmonie (Ta tong) von Konfuzius steht hier im Hintergrund. Dr. Sun Yatsen blickte aber auch auf die Grundordnungen der westlichen Welt und sah in ihnen eine veritable Entsprechung zu seiner eigenen Zielsetzung, in der ‚Declaration of Independence' und der ‚Gettysburg Adress'.

Mao Tsetung wurde geschichtsmächtiger als jene humanen Erneuerungen eines alten Ethos. Wenn man alle Opfer seiner Herrschaft zusammen nimmt, ergibt sich eine Zahl von 70 Millionen Toten. Der große Vorsitzende war subtiler Lyriker und brutaler Usurpator. Er formulierte die letzte Zielsetzung völlig unverhüllt. Der Krieg in all seinen Formen würde nach dem revolutionären Krieg für immer abgeschafft werden.

Mao dekretierte den ewigen Wandel. Sonst trete Stillstand ein.

Entscheidend ist in seiner ideologischen Genese der Begriff des Widerspruches. Widersprüche können durch Krieg beendet werden, aber auch durch Kritik und Gegenkritik. Teilweise ist es möglich, dass Widersprüche miteinander koinzidieren. Konfuzianismus, und damit auch drei Grundsätze von Sun Yatsen, lassen sich deshalb in der Widerspruchslogik aufnehmen. Die Staatsformenlehre unter diesem Frieden ist erstaunlich genug: es gibt nur die bürgerliche, die proletarische Diktatur und die Diktatur eines Bündnisses verschiedener revolutionärer Kräfte.

Die realgeschichtliche Entwicklung stellte sich höchst ambivalent dar. Mao dekretierte selbst die Vielfalt in seiner „Hundert Blumen Kampagne", 100 Philosophenschulen der chinesischen Vergangenheit wurden wiederbelebt. Dann aber zog seine Partei ein. 300.000 Kritiker wurden als Rechtsabweichler verurteilt, ins Lager gebracht oder exekutiert.

Daraufhin votierte er für den „Großen Sprung nach vorn", der nach dem Sputnik 1957 Chinas weltpolitische und –strategische Beteiligung förderte.

Auch unter Mao kam es zur großen Hungerkatastrophe. Die Landwirtschaft war rapide zurückgefahren worden. Alle Mittel waren in Stahlproduktion investiert worden, die aber wegen der kleinen Stahlküchen zu sehr defizienten Ergebnissen führte.

In regelmäßigen Abständen kam es zu Ikonoklasmen. Die Kulturrevolution etablierte nicht zuletzt ein umfassendes Denunziations- und Demütigungssystem der Selbstkritik. Am Ende distanzierte sich Mao von dem Treiben. Die militärische Macht blieb primär als

Überwachungsinstrument virulent. „Laogai" ist der Name des chinesischen Gulag, der nicht auf Vernichtung zielte, sondern auf radikale Gehirnwäsche und „psychischen Selbstmord". Unterernährung, Aufhebung der Intimsphäre, waren nur ein Teil der Qual. Die Häftlinge sollten ganz und gar schutzlos den Augen der Betrachter ausgesetzt sein. Es gab keine Reintegration in die Gesellschaft. Auch nach der Entlassung aus der Haft wurden sie weiter überwacht.

Dennoch war dieses Reich nach Maos Tod keineswegs dauerhaft desorientiert. Es ist freilich ein Geheimnis des chinesischen Wirtschaftswunders, dass es nicht auf das Individuum zielt und seine Grundtexte aus dem 6. Jh. v. Chr. entnimmt.

Xiao, ein Begriff, der dem lateinischen ‚pietas' ähnlich ist und wie dieser ‚Verehrung der Vorfahren' bedeutet, zeigt einen eigenen Zugang zu Menschlichkeiten. Dieser ist keineswegs universal oder auf Menschenrechte bezogen. Er wird auch als Wohlwollen, Würde, Vertrauenswürdigkeit reformuliert. So kennt diese neue konfuzianische Tradition die Goldene Regel, die aber keineswegs auf Gleichheit zielt. Auch die Unterscheidung zwischen Gebildeten und Nichtgebildeten geht unüberschreitbar in sie ein.

Es gibt manche Verbindungen zu alten europäischen Traditionen, so zum ‚spoudaios' in der eine Wertschätzung der Geistaristokratie festgehalten worden ist: Lernen und Üben gelten als das eigentlich Befriedigende.

Menzius (372-289) war in der Zeit nach Mao ein weiterer Gewährsmann. Schamgefühl, natürliche Ordnung und das Herz bilden den Ausgangs- und Ankerpunkt seiner Ethik. Bemerkenswert die Rangfolge: Volk-Götter-Fürst.

Weil der Fürst Mandatar des Himmels ist, ist er an das Volk verwiesen, das ihn absetzen kann. Der „Himmel" (tian) fordert eine „Angleichung nach oben"; ‚shangtong' impliziert ein hierarchisches Prinzip, wobei sich die Unteren nach oben zu orientieren haben. Der Zustand des Krieges kann nur überwunden werden, wenn der Tüchtigste als Sohn des Himmels gewählt wird. Es darf damit keinerlei Klientelpolitik und keine verwandtschaftlichen Förderungen geben.

‚Tao' bedeutet zunächst und allem voraus ‚der Weg'. Bezeichnet ist damit der Vorrang des Nichthandelns (wu wei) vor dem Handeln. Im 6. Jahrhundert v. Christus hat die legendäre Gestalt des Laotse diese Lehre im Tao Te King entwickelt. Man kennt Brechts Gedicht, das die Entstehung durch die Frage eines Zöllners in Szene setzt. Das Wasser in seiner Weichheit vollzieht das Grundgesetz des Fließens: „Es kann durch nichts verändert werden. Dass Schwaches das Starke besiegt, und Weiches das Harte, weiß jedermann auf Erden, aber niemand vermag danach zu handeln".

Das Tao, dieser Urgrund sagt aber zugleich: der Mensch richtet sich nach der Erde, die Erde nach dem Himmel, der Sinn richtet sich nach sich selbst.

Damit ist eine hohe Wertschätzung für die Rechtsförmigkeit und die Ordnung des Staates etabliert. Er ist eine große, subtil laufende Maschinerie.

Wenden wir uns noch einmal Carl Schmitts Resümee des Zweiten Weltkriegs zu. In der Schrift über den Partisanen hat Schmitt drei Begriffe des Feindes unterschieden: den wirklichen, konventionellen und absoluten Feind. Er sieht hier einen Konnex mit den modernen Massenvernichtungswaffen, die so schrecklich seien, dass sie dazu zwängen, den Feind als absoluten Feind zu definieren. Eine wesentliche Summe, die Schmitt zieht, liegt im Verweis auf weit ausgreifende Großräume und ihre Ordnungen. Hier sieht er das Problem der Formlosigkeit der globalen Welt. Der entgrenzte Krieg, der nicht mehr von Staaten im Zeichen der Souveränität geführt wird, bedeutet zugleich das Ende des europäischen Ranges, der mit den ‚Rayas' Ende des 15. Jahrhunderts, der Aufteilung der bisherigen Welt unter Spanien und Portugal, begonnen hatte.

Nicht Europa ist Herr der Linie; sie wird durch Europa hindurchgezogen.

Schmitt sprach von asymmetrischen Gegenbegriffen, die den totalen Feind ins Recht setzten, von der Distinktion zwischen Hellenen und Barbaren, bis zur Trennung zwischen Übermensch-Untermensch oder Mensch und Unmensch. In der Tat wird dies durch die unlösliche Verflechtung von Krieg und Ideologie im Zeitalter der Extreme bestätigt. Ein Symptom wäre Hitlers Rede vom 30.1.1939: Falls es dem deutschen Finanzjudentum gelänge, die Völker in einen neuen Weltkrieg zu stürzen, werde er mit der Vernichtung der jüdischen Rasse in Europa enden.

Sein ‚Politisches Testament' April 1945 bestätigt noch einmal diese Interpretation: „Wenn die Völker Europas wieder nur als Aktienpakete dieser internationalen Geld- und Finanzverschwörer angesehen werden, dann wird auch jenes Volk mit zur Verantwortung gezogen werden, das der eigentlich Schuldige am Kriege ist: Das Judentum".

Das absolute Feindbild Hitlers in seiner Destruktion des Friedens konnte Carl Schmitt freilich nicht hinreichend kritisch erfassen, weil auch für ihn Politik strukturell in einem Freund-Feind-Schematismus verhaftet blieb. Ein solches Feindbild, einschließlich des Sündenbockmechanismus, der alles Böse auf den klar identifizierbaren Feind abwälzt, erreichte in den Höllen des 20. Jahrhunderts seinen perversen Gipfelpunkt. Alle Rechtlichkeit und alle Humanität wurden dadurch unterminiert. Die Menschheitsfamilie in der Gesamtheit der Personen und Kulturen, von der der Völkerbund abstrakt einen Begriff gab, wurde im faschistischen Totalitarismus nahezu zerbrochen. Denn dort wurde versucht, der Universalität der Menschenwürde, gemäß dem Diktum, dass es auf jeden einzelnen in seiner Geistperson ankomme, den Grund zu entziehen. Deutschland war Ursprung und Auslöser dieses Irrwegs, dessen Spuren noch längst nicht überwunden sind. Sri Aurobindo hat im ‚Zyklus der menschlichen Entwicklung' zu Recht darauf hingewiesen, dass es sein vitales Ego für sein Wesen gehalten habe; „es hatte seine Seele gesucht und nur seine Stärke entdeckt". Eine destruktive Stärke, die in okkulten und nihilistischen Tiefen zu finden war. Die äußerliche, fast totale Destruktion Deutschlands und Europas aber, weit mehr und anderes als eine „Tragödie", führte noch immer nicht linear zu einem ewigen Frieden, sondern nur zur nuklear gestützten wechselseitigen Abschreckung.

Wider Willen und als Nebenwirkung bedeutete dies aber eine Hegung der Feindschaft und eine rechtliche und normative Annäherung an universale Rechtsstandards.

Die nukleare Konstellation bedeutete vordergründig zunächst freilich die Teilung Europas.

Die Nuklearisierung war aber zugleich Stornierung der Machtkämpfe am Ende des Zweiten Weltkriegs.
Dies lag in der Logik der ‚Pax Americana'. Man konnte nach der Katastrophe nicht mehr zur alten Gleichgewichtsordnung zurück. Hegemon war, wer den Ausbruch der tödlichen Drohung aussetzen und damit den Konflikt hegen konnte. Es ist, zumal aus dem Rückblick, nur schwer akzeptierbar, dass sich freie demokratische Ordnungen auf diese Raison d'être verweisen ließen.
Die Berlin- und Kubakrise, eine veritable Doppelkrise, zeigten, dass es damit ernst war. Mitte der fünfziger Jahre brach eine radikale, fundamentale Opposition auf, die sich unter anderem in der Ostermarschbewegung manifestierte. Mit der großen Verve der ‚Göttinger Achtzehn', Heisenberg, vor allem C. F. von Weizsäcker, war von den „Atomwissenschaftlern" schon in den späten fünfziger Jahren die Nicht-Versicherbarkeit der apokalyptischen Waffe auf das öffentliche Tableau gebracht worden.
Auch Albert Schweitzer lehrte, wie sich die neue Waffe der umfassenden „Ehrfurcht vor dem Leben" entgegensetze. Was sollte man dagegen vorbringen? Abschreckung, hat André Glucksmann später als „Verständigung derer, die sich nicht verständigen können", definiert.
„Den Gegner davon zu überzeugen, dass die Kosten einer militärischen Lösung [...] den Nutzen weit übersteigen", dies war eine Formel, der man bei Kenntnis der „nihilistischen Potentiale" schwer widersprechen konnte. Henry Kissinger sah dagegen 1958 in den Nuklearwaffen ein totales Mittel gegen den totalen Krieg. Sie seien aber gerade nicht geeignet, um begrenzte Kriege zu

neutralisieren. Eskalationen und Projektionen, damit auch irreguläre Kriege, eine Entwicklung, die letztlich schon am Ende des Ersten Weltkriegs begonnen hat, waren im Schatten der Waffe durchaus möglich. Die Katastrophe war Teil der kollektiven Erinnerung. Drohung mit der Zerstörung, auch als zivilisatorische Leistung. Challenge und Response.

Auch mit der Bedrohung der nihilistischen Potentiale ist im Grunde die Unterscheidung zwischen Kombattanten und Zivilpersonen hinfällig.

Eine Entkoppelung zwischen Europa und Amerika manifestierte sich, zumindest mental, durch Mittelstreckenwaffen. Die Mitte Europas wäre im Ernstfall Schachbrett und Schlachtfeld Europas gewesen. Die Europäer leben auf einem Kontinent, der mit Ruinen bedeckt ist, die Zeugnis ablegen von der Fehlbarkeit menschlicher Voraussicht. Im Verlauf der europäischen Geschichte hat die Erkenntnis eines Problems oft eher dazu geführt, es als ein unlösbares Problem, als ein Dilemma anzusehen, als einer Lösung zuzuführen. Europas Überleben ist in der Vergangenheit stets stärker gefährdet gewesen als das der Vereinigten Staaten.

Das Neue der neuen Waffen hatte Werner Heisenberg schon in der Berliner Mittwochsgesellschaft im Jahr 1943 benannt. Seinerzeit fiel schon das Wort von der „Physik der Sterne". Eine Waffe, die sich dieses Himmelsfeuers – ‚Heller als tausend Sonnen' (Robert Jungk) – bediene, hätte metaphysische Dimensionen. Generalstabschef Beck bemerkte in der Diskussion, „dass sich von hier her alle militärischen Vorstellungen von Grund auf ändern müssten" und „dass die Wandlungen der Atomphysik Wandlungen im Denken der Menschen verursachen können, die weit in die gesellschaftlichen und philosophischen Strukturen reichen".

In den fünfziger Jahren mochten die Waffen in Europa und, zumal in Deutschland, ein Sicherheitsgefühl erzeugen, weil an sie das Bündnis mit Amerika gekoppelt war. Deshalb war die Anti-Atom-Bewegung zunächst relativ schwach, ebenso die amerikanische „Campaign for Nuclear Disarmament".

Doch es musste bei einem gewissen Nachdenken auch deutlich werden, dass jene Waffen nicht in Richtung auf Pfeil und Bogen zu überwinden waren, sondern allenfalls in Richtung einer größeren Expansion.

Die unterschiedlichen Denkweisen manifestierten sich in Debatten seit Mitte der sechziger Jahre im Pro und Contra der Auseinandersetzung um den Nuklearpazifismus. Auch Philosophen und Theologen sahen sich seinerzeit in der Verantwortung. Und sie wussten um die Problematik und Singularität der neuen Waffen. Es seien Komfortwaffen mit einer ungeheuren Durchschlagskraft.

Allzu sehr operiert heutige politische Philosophie im Sinn einer abstrakten Normativität und einer systemischen Rationalität. Der Faktor des menschlichen Subjektes gerät darüber ins Hintertreffen.

Erforderlich scheint mir eine politische Philosophie und Rechtsphilosophie, die aber zugleich moralphilosophische Implikationen hegt und über eine realistische Anthropologie, die Kenntnis der Geschichte, des Verhaltens der Mächte und des Verhaltens der Menschen innerhalb ihrer, verfügt.

Das Verhältnis von Politik und Moral ist in diesem Spannungsfeld zu thematisieren. Die Unterscheidung, die schon de Vitoria zugrunde legte, bleibt wirksam. Er fällte die Distinktion zwischen ‚Kriegsgrund', ‚Kriegführung' und ‚Nachkriegsordnung'. Die Lehre vom Gerechten Krieg ist durch Verrechtlichung und den prozeduralen Akt der Kriegserklärung souveräner Mächte von einer Konfrontation, die einer Seite die Berechtigung zu-, der anderen aber absprechen musste, abgelöst worden. Es gibt nach wie vor auch die Option, dass zwei Seiten einen ungerechten Krieg führen. Kampf um die Weltherrschaft seitens zweier Despotien.

Wesentlich scheint, worauf Vittorio Hösle hingewiesen hat, dass die objektive Ungerechtigkeit des Krieges noch keineswegs subjektive Schuld des Kämpfenden einschließt. Seitenwechsel, nicht Desertion, scheint, wie Hans Jonas einmal anführte, unerlässlich, wenn die Seite, auf der man zu stehen hätte, nicht mehr tragbar zu sein scheint. Im Blick auf das „Ius in bello" ist zu bedenken, dass die Strategie mit der ersten Feindberührung endet. Zumindest ebenso gilt dies auch für die klare Scheidung in der Moral.

Man muss einzelne Exzesse der Alliierten Kriegführung wie die Bombardierung Dresdens, oder Hiroshimas und Nagasakis, als schwere Läsuren der Menschlichkeit erkennen. Gleichwohl wird man die Berechtigung und Notwendigkeiten des Alliierten Kampfes nicht in Frage stellen wollen.

Die Grundlehre des Gerechten Krieges von der Angemessenheit der Mittel ist in den immer weniger begrenzbaren Konflikten der Gegenwart von besonderer Bedeutung. Bündnisverpflichtungen, die die eigene Interessenlage nicht übersehen lassen können.

Es geht zumeist um eine Verbindung von moralischen Verpflichtungen, Nothilfen, und der konkreten Notwendigkeit des Eingriffs. Die Unterscheidung zwischen präventivem Verteidigungs- und präventivem Angriffs-

krieg bleibt dabei mit klaren Konturen festzuhalten. In Transformation ist sie auch in der heutigen Lage von Belang. Man sollte wissen, dass die ‚Pax Americana' keineswegs Welt ordnende Kraft hat, schon weil sie als Gestalt der westlichen Welt etwa in den arabischen Staaten auf Abwehr trifft. Daher bedarf es einer erweiterten Gleichgewichtsstruktur, die einander ergänzende, aber unterschiedliche Ordnungsvorstellungen und zugleich Friedensvorstellungen erlaubt. Als problematisch erweist sich immer die Übertragung von privatrechtlichen oder privat moralischen Vorgängen auf die Staatenwelt:
So die Autonomie des Einzelnen und das Nicht-Einmischungsprinzip.
Man sollte sich auch darüber klar sein, dass Demokratisierung und die Verlagerung von begrenzten äußerlichen nationalen Interessen auf ideologische Zielsetzungen, das Wiedereintreten der Religion als geschichtliche Potenz, und kulturelle Prägungen die Kriege keineswegs entschärft haben, sondern ganz im Gegenteil in ihnen mit neuer Destruktionsmacht wirksam geworden sind. Inmitten des Strudels bleibt die Maßgabe, möglichst wenige Menschen der anderen Seite zu töten, erst recht Zivilpersonen.
Gezielte Tötungen begrenzen vielleicht den Schaden. Sie sind aber ganz offensichtlich empörende Verletzungen persönlicher Integrität. Die Symmetrie des Kriegsrechtes, die reguliert, wer wen wann und wie töten darf, setzt eine wechselseitige Anerkenntnis und eine Anerkenntnis der Normen voraus.
Die Nachkriegspolitik war alteuropäisch durch ‚Vergeben' und ‚Vergessen' erst ermöglicht: ‚amnestia' und ‚amnesia'. Es ist, wie auch im privaten Leben, völlig

illusorisch, das eine vom anderen zu trennen. Ein rein internationaler Gerichtshof, wie er in Den Haag besteht, kann dem der Idee nach Rechnung tragen. Die Problematik eines reinen, von Interessenlagen möglichst entkoppelten, internationalen Gerichtshofs gehört wesentlich zum Gebäude des ‚ewigen Friedens'.

Es bleibt dabei, dass die Weltstaatsvorstellung eher eine Horrorvorstellung ist, als wünschenswert. Eine flutende verbundene Welt, die mit ihren Unsicherheiten und Verwerfungen leben muss, die auch wissen muss, dass der ewige Friede letztlich eine eschatologische Verheißung am Ende der Zeiten ist, ist mit einiger Wahrscheinlichkeit eher friedensfähig, als ein riesiges Machtgebäude.

Die Begriffe müssen neu gedacht und gefasst werden, vor einer dezidierten Profilierung europäischen Ethos', und dessen, was daran nicht zur Debatte steht.

Die Crux bleibt, dass zu allen konkreten Problemen und Grenzen der Friedensfähigkeit eine weitere Gefahr hinzukommt: die der Sprengung des Gleichgewichts durch fehlende menschliche Friedensfähigkeit, ein ‚Unbehagen in der Kultur'.

Die Verzweiflungsstruktur von Kierkegaard: dass wir sein wollen, was wir nicht können und umgekehrt, scheint in dramatischer Weise gerade auch an der Frage von Krieg und Frieden aufzubrechen. Hier schließt sich der Bogen zur ‚Palintonos Harmonia', dem Frieden mitten im Streit. Das große Weltalter des Ausgleichs, wie es Max Scheler formulierte, ist jedenfalls niemals linear lebbar.

Es gibt immer zwei Wege zur Universalität. Einerseits kann sie aus der Tiefenübereinstimmung der verschiedenen Kulturen hervorgehen, die die ‚Drachen am

Grund' achtet, auch wenn sie latent miteinander im Kampf liegen. Andererseits ist der komplementäre, nicht ausschließende Weg die Anerkenntnis von formalen Normen, die der Vernunft und sittlichen Verpflichtung gemäß, einzurichten sind.

SIEBTES KAPITEL: UM EINEN GROSSEN FRIEDEN VON INNEN BITTEND: JENSEITS DES ANTAGONISMUS

Die Aktualität der alteuropäischen Visionen

Es ist gerade aus der Geschichte des letzten Jahrhunderts klar, dass der Antagonismus von Krieg und Frieden unzureichend bleibt. Gerade wenn man von Freud und anderen gelernt hat, wie dünn der Firnis und wie anstrengend der Friedenszustand ist, so kann der Krieg jederzeit wieder ausbrechen, mit partikularer, aber auch umfassender Vernichtungsmacht. Dies möglichst unterbinden zu wollen, wäre die Grundforderung einer zur Vernunft gekommenen und klugen Menschheit, die spätestens seit der ersten Hälfte des 20. Jahrhunderts wissen kann, dass sie vom Selbstmord bedroht ist. Kants eindrückliche Skizze seines Tractatus zum ewigen Frieden hat dafür einen großen Vorentwurf gegeben – mit dem doppelten Lehrstück, dass Kriege nicht sein sollten und der Friede gestiftet werden müsse. Die Forderung zum ewigen Frieden schien in der bipolaren

Konstellation besonders bedrängend, da sich die alte Lehre vom ‚Gerechten Krieg' angesichts der „nihilistischen Potentiale" (D. Henrich) kaum deklinieren ließ. Das Gleichgewicht des Schreckens ist mit der alten Gleichgewichtsidee nicht zu erfassen, die Harmonie und Fluss voraussetzt. Der „preemptive strike" war technisch möglich. Die Tektonik beruhte, mit dem Codenamen formuliert, auf MAD: „*m*utual *a*ssured *d*estruction". Dies erinnert eher an ein kriminelles Geiselnahmeverfahren als an völkerrechtliche Regularien. Doch eben darauf beruhte die Nachrüstung.

Spätestens als die nuklearen Potentiale in Ost und West einander anstarrten und die Erinnerung an die Kriegsschrecken und Krüppel noch virulent waren, musste man auf diese Vision zurückkommen. Sie hat seit jeher etwas vom wiedergewonnenen Paradies oder vom Eschaton: der Vision des Propheten Jesaja vom gewaltlosen Nebeneinander von Wolf und Lamm, da der Säugling am Loch der Natter spielen kann. Kants Vision ist demgegenüber erstaunlich nüchtern, geradezu ernüchternd. Er bindet den ewigen Frieden an einen Völkerbund republikanischer Staaten. Ansonsten aber wiederholte er Prämissen der Gleichgewichtspolitik alter Prägung. Doch an entscheidender Stelle weicht er, wir erinnern uns, davon ab: Keine Geheimdiplomatie, keine Zerstörung der Möglichkeit auf Frieden während des Krieges.

Ein umfassender Friede, der das Ende jedes Krieges sei, ist immer wieder gedacht worden, und es muss einem grauen, wie er bisher ins Werk gesetzt werden sollte. Das Alte Testament kann dies freilich nur als einen jenseitigen Zustand verstehen. Doch er strahlt seit dem

Deuteronomium und seinem Königsgesetz auf die diesseitigen Ordnungsverhältnisse aus. Der König kann den Gott Israels nicht als Legitimationsinstanz vereinnahmen. Jahwe bleibt jenseitig. Der König soll deshalb eine Reiterei und ein Stehendes Heer nur haben, weil dies die umliegenden Reiche auch haben. Vor allem aber sei es für ihn notwendig, immer die Thorarolle bei sich zu haben, an der er beständig seine Handlungen überprüft. Der Beistand Gottes für die Seinen bemisst sich danach, dass sie seine Gebote halten. Dies wird immer wieder in die Psalmen eingezeichnet.

Unverkennbar ist auch im Neuen Testament der Große Friede, in dem alle Tränen abgewischt sein werden und kein Weinen und kein Geschrei mehr sein soll – Vision der Wiederkehr Jesu Christi am Ende der Zeiten. Davor wird es das Gericht und wieder davor den blutigsten Krieg der Apostase von Gott und des Aufruhrs des Antichrist geben: so gibt das Buch mit sieben Siegeln andeutungsweise zu verstehen. Und es soll Gott alleine und ausschließlich sein, der am Ende das Böse vom Guten scheidet und den umfassenden Frieden stiftet.

Dennoch lehrte Jesus Christus nach den Evangelien, dass mit ihm das Reich Gottes schon nahe herbeigekommen sei. Eine vorscheinende, proleptische Kraft sollte in denen, die ihm nachfolgen, sichtbar sein und von ihnen ausstrahlen. So ist die Bergpredigt zu verstehen, – keineswegs als politisches Programm, aber auch nicht nur als Trost, der sich am Ende der Zeiten realisieren lassen würde. Aus dem Doppelgebot der Liebe strahlt diese Friedensliebe aus. Außerhalb des Glaubens ist sie dem gefallenen Menschen aber nicht zugänglich. Und auch der Christ muss wissen, dass er sich in der

Spannung zweier Civitates bewegt. Deshalb soll dem Kaiser zukommen, was des Kaisers ist; Gott aber, was Gottes ist. Und Paulus wird seinem Imperativ: „Seid untertan der Obrigkeit" erläuternd anfügen. Dies schloss relativ unbefragt die Akzeptanz des Kriegsdienstes ein. Luther hat die Frage, ob auch ein Kriegsmann im seligen Stand sterben könne, sogar ausdrücklich bejaht.

Die Griechen kennen zwar keine Feindesliebe, wohl aber wissen sie, wie sowohl die Tragödie als auch die ‚Wahre Tragödie' der Philosophie bezeugt, dass mit dem Tod das Feindliche aus dem Menschen gegangen ist. Der tote Feind ist daher kein Feind mehr. Man kann – und sollte – ihm die Achtsamkeit des Begräbnisses nicht verweigern. Trauer ist also schon über die Linien von Freund und Feind hinweg geboten. Dieses alte Gesetz brachte Antigone gegenüber der politischen Macht des Königs Kreon zur Geltung. In manchen Tragödien geht es soweit, dass der Untergang des Feindes nicht Triumph auslöst, sondern die Besinnung auf die fragilen Kräfte der Moira.

Es ist Indiz der Verweltlichung des Christentums und der Sakralisierung des Imperiums, dass Kriege wie die Kreuzzüge im christlichen Namen geführt werden. Radikalisierungen des Friedensgebotes bei den Katharern des Mittelalters oder den Mennoniten der Reformationszeit gehören gleichfalls in die christliche Geschichte. Sie waren sich sicher, dass nicht jeder leben könne, wie sie es taten. Doch ihr Leben sollte Zeugnis sein.

Der christliche Friede war Friede Gottes, höher als alle Vernunft und dadurch gefährdet, den irdischen Frieden außer Acht zu lassen. Dieser schien Indiz für die menschliche Verfassung im Zustand der Sünde, zwar von Jesus Christus berufen, aber noch nicht durch das Gericht am Ende der Zeiten gegangen zu sein. Von solchen Mängeln ist auch die Friedenslehre in Augustins ‚De civitate Dei' nicht frei. Dennoch ist und bleibt sie eindrucksvoll, zumal sie die PAX überhaupt beschreibt, nicht die Befriedung unter einer führenden Macht, so wie es die PAX ROMANA gewesen war. Gott habe als höchstes Ziel den Frieden gesetzt, sollte Augustinus lehren. „Pacem habere velle": Den Frieden haben wollen, versteht Augustinus als menschliches Spezifikum vom Paradies her.

Der Friede sei mit der Ordnung und der Schönheit gleichzusetzen. Augustinus sieht in ihm gar eine menschliche Konstante, und er lässt nichts darüber verlauten, dass dieser Friede unter der endlichen und sündigen Conditio humana zerbrochen sei. „So wie es niemand gibt, der sich nicht freuen will, so gibt es auch niemanden, der keinen Frieden haben will". Höhepunkt dieser Darlegungen ist die große PAX-Tafel. Augustinus bemerkt, dass der Friede alle Bereiche des Seins durchdringt und darin der schöne, wünschenswerte und geordnete Zustand ist. Dies reicht von der temperatura: dem Frieden des Körpers, über den Frieden der affekthaften, nicht-vernünftigen Seele (requies) über das Friedensverhältnis zwischen Leib und Seele, den Frieden zwischen Mensch und Gott, bis hin zur Tranquilitas, in der Augustinus den höchsten Frieden aller Dinge erkennt. Hier leuchtet bei Augustinus schon der *Große Friede* auf.

Damit ging einher, dass Augustinus den Kriegszustand kritisierte und die Übel benannte und verwarf, die ihm anhaften: Kriege zerstören die Ordnung, sie sind im Gefüge der göttlichen Schöpfung nicht vorgesehen. Wenn Augustinus auch dem Diktum, dass der Weise nur Gerechte führe, grundsätzlich zustimmt, so hebt er doch zugleich hervor, dass gerade der Weise eigentlich über die Notwendigkeit, Kriege überhaupt führen zu müssen, trauern müsse: „Wer also diese großen, schauerlichen, verheerenden Übel leidvoll betrachtet, der gestehe, dass sie ein Elend sind".

Aus rein humaner Freiheit hat sich Erasmus von Rotterdam in die Annalen des Ausblicks auf einen ewigen Frieden eingeschrieben. Auch sein Friedensbegriff steht über der PAX bestimmter Mächte und ihrer Konditionierungen von Krieg und Frieden. Erasmus gibt dem Frieden eine Stimme. Er lässt ihn klagen, dass er nun wiederum verletzt würde, und er gibt einige prägnante Bestimmungen zum Elend des Krieges.

„Es ist jetzt schon soweit gekommen, dass man den Krieg allgemein für eine annehmbare Sache hält und sich wundert, dass es Menschen gibt, denen er nicht gefällt [...] Wie viel gerechtfertigter wäre es dagegen, sich darüber zu wundern, welch' böser Genius, welche Pest, welche Tollheit, welche Furie diese bis dahin bestialische Sache zuerst in den Sinn des Menschen gebracht haben mag, dass jenes sanfte Lebewesen, das die Natur für Frieden und Wohlwollen erschuf, mit so wilder Raserei, so wahnsinnigem Tumult zur gegenseitigen Vernichtung eilte. Wenn man also zuerst nur die Erscheinung und Gestalt des menschlichen Körpers ansieht, merkt man denn nicht sofort, dass die Natur, oder vielmehr Gott, ein solches Wesen nicht für Krieg, sondern für Freundschaft, nicht zum Verderben, sondern zum Heil, nicht für

Gewalttaten, sondern für Wohltätigkeit erschaffen habe? Ein jedes der anderen Wesen stattete sie mit eigenen Waffen aus, den Stier mit Hörnern, den Löwen mit Pranken, den Eber mit Stoßzähnen, andere mit Gift, wieder andere mit Schnelligkeit. Der Mensch aber ist nackt, zart, wehrlos und schwach, nichts kann man an den Gliedern sehen, was für einen Kampf oder eine Gewalttätigkeit bestimmt wäre. Er kommt auf die Welt und ist lange Zeit vor fremder Hilfe abhängig, kann bloß durch Wimmern und Weinen nach Beistand rufen. Die Natur schenkte ihm freundliche Augen als Spiegel der Seele, biegsame Arme zur Umarmung, gab ihn die Empfindung eines Kusses, das Lachen als Ausdruck von Fröhlichkeit, Tränen als Symbol für Sanftmut und des Mitleids. Der Krieg wird aus dem Krieg erzeugt, aus einem Scheinkrieg entsteht ein offener, aus einem winzigen der gewaltigste [...] Wo denn ist das Reich des Teufels, wenn es nicht im Krieg ist? Warum schleppen wir Christus hierhin, zu dem der Krieg noch weniger passt als ein Hurenhaus? So mögen wir Krieg und Frieden, die zugleich elendeste und verbrecherischste Sache vergleichen, und es wird vollends klar werden, ein wie großer Wahnsinn es sei, mit so viel Tumult, so viel Strapazen, so einem großen Kostenaufwand, unter höchster Gefahr, und so vielen Verlusten, Krieg zu veranstalten, obwohl um ein viel geringeres die Eintracht erkauft werden könnte."

Auch dies ist seiner Zeit weit vorausgewesen. Wie der Friede aussehen solle, wird indessen nicht ähnlich wortmächtig ausgemalt wie seine Verletzungen.

Über die Unzulänglichkeit der Friedensstiftungen – Eine negative Typologie

I.

Wenn die Wünschbarkeit eines solchen *Großen Friedens*, ja seine Notwendigkeit, so eindeutig ist, kann und muss man sich fragen, warum er bis heute nicht gestiftet werden konnte. Auch im globalen Maßstab scheint Kurt Tucholskys Diktum „Im letzten Frieden" statt „im letzten Krieg" noch immer die empirischen Zustände zu beschreiben. Ich frage nicht nur nach dem humanen Abgrund, dem Todestrieb und der Zerstörungslust, sondern, in viel kleinerer Münze, nach den Irrtümern der Friedens-Verheißung. Der gesuchte ewige Friede ist, kurz gesagt, meist kein „Großer Friede". Er ist zu klein gedacht und noch kleiner gelebt, so dass er der nächsten Erschütterung nicht standzuhalten vermag. Ein eindeutiger innerweltlicher Pazifismus ist eine bemerkenswerte Haltung. Er hat alle Sympathien verdient, wenn die ihn vertreten, die gerade der Hölle entronnen sind. Käthe Kollwitz' ‚Nie wieder Kriegs'-Bilder haben kein falsches Pathos, zumal wenn man sie in den kriegszerstörten Gesichtern der Figuren von George Grosz spiegelt. Der reine Pazifist ist Gesinnungsethiker, ein Wagnis, das er nur auf eigene Faust verantwortungsvoll eingehen kann. Dies kann religiös motiviert sein. Es muss aber nicht so sein. Es kann mit einer solchen Rigidität der eigenen Maximen geschehen, dass er sich tatsächlich wehrlos dem Verbrecher übergeben würde. Doch diesem Pazifismus, der tragische Züge annehmen kann, kann immer wieder mit Brecht entgegengehalten werden: „...doch die Verhältnisse, sie sind nicht so". Schon den ihm anvertrauten Nächsten kann er nicht abverlangen, dass sie ihm folgen.

Sie haben ein menschliches Anrecht darauf, verteidigt zu werden. Der *rigide Pazifismus*, der Verteidigung unter allen Umständen ablehnt, muss die Wirklichkeit und die Kräfteparallelogramme bis zu einem gewissen Grad ableugnen. Soweit er unter rechtlich handelnden und ethisch sensiblen Individuen lebt und handelt, ist seine Haltung respektabel. Das Paradoxon besteht darin, dass der Rechtsbrecher und Aggressor, der niemals bereit ist, diesem Rahmen zu folgen, durch die pazifistische Selbstbegrenzung ermutigt wird. Dies zeigte sich in der Appeasement-Politik Englands gegenüber Hitler-Deutschland in den dreißiger Jahren, die der Kriegsabscheu der Bevölkerung Rechnung trug. Gerade dem widerrechtlich Handelnden droht der Pazifist zum nützlichen Idioten zu werden: ein Szenarium, dem auch die Friedensbewegung der späten siebziger und frühen achtziger Jahre nicht entging, obwohl ihre Warnungen vor dem drohenden nuklearen Holocaust mehr als berechtigt waren. Sie blendete das Elend der Dissidenten aus, die Unrechtslager, die Satisfaktion der Arrondierung von Mittel- und Osteuropa.

Unzureichend bleibt auf die Dauer auch ein zweiter Typus: *der utopische Friede*. Er geht oftmals mit der Erwartung eines letzten Krieges einher, der aber das Ende aller weiteren Kriege besiegeln würde. Die Marxistische Idee einer Weltrevolution, die die Befreiung der entrechteten Klassen mit sich bringen sollte, rechnete mit der unverhüllten Eröffnung des verborgenen Antlitzes aller Kriege, die im Grunde Unterdrückungsmechanismen der Herrschenden Klasse seien. Jede

Revolution birgt in sich diese Struktur. Man kann seit der Französischen Revolution erkennen, dass darin eine besondere Dynamik liegt. Da ein solcher Krieg nur dann sein Ende erreicht, wenn der Gegner vernichtet ist, da er keinen regulären Friedensschluss kennt, droht er sich wie ein Krebsgeschwür zu streuen, der Weltkrieg sich in Bürgerkriegszustände hinein fortzusetzen. Gewalttätige Revolutionen fressen deshalb notwendigerweise ihre Kinder. Der erwartete Zustand, wenn alles zu Ende ist, wird in immer verheißungsvolleren Farben gemalt. Doch der Rigor, der erforderlich ist, um ihn zu erreichen, überlagert das Bild und frisst den Utopisten.

Wenn man den *Frieden als ethisch normative Ordnung* versteht, gestützt durch Institutionen, wird man ein viel ideologiefreieres Bild von der Welt gewinnen: einen Frieden, der sich auf Wohlstand, Liberalismus und Demokratie stützt. Er soll heute durch NATO und UN, aber auch durch Non Government Organisations (NGOs) implementiert werden. Doch seine Durchdringungskraft ist zu gering. Zwar beschreibt er zu Recht das als wünschbaren Status, was sich durch Jahrhunderte europäischer Welt- und Geistesgeschichte als normativer Konsens herausgemendelt hat: einen Mindestbestand von Menschen- und Bürgerrechten. Er rechnet aber nicht mit den Gegenstimmen, die sich gegen diesen Königsweg weltweit melden und er reflektiert auch zu wenig auf die Voraussetzungen, teils gewalttätige, auf denen er selbst beruht. Zu Recht hat Giorgio Agamben darauf verwiesen, dass der rechtlose Outcast, der ‚homo sacer', das Rechtssystem konturiert. Es ist auf gewalttätigen Rändern errichtet. Umgekehrt sind in einer Welt, die nicht mehr von der westlichen Welt definiert und dominiert ist, die Perzeptionen zu verschieden, um sich auf dieses wünschenswerte Minimum zu einigen. Dies gilt zumal, wenn die verbliebene Hegemonialmacht Amerika im Hintergrund gesehen wird.

Die Grenzziehung zwischen friedenssichernden und friedenserhaltenden Maßnahmen und einer Besatzung ist in actu kaum möglich. Die Stabilisierungsversuche verlangen Soldaten und Zivilisten im Auslandseinsatz und der Bevölkerung im Land Ungeheures ab, und manches spricht dafür, dass die Welt in jenen Ländern noch wüster und unsicherer wäre, wenn es sie nicht geben würde. Doch auch die Vergeblichkeit ist jenen Versuchen ins Gesicht geschrieben. Dass kein Krieg sein soll, wird in einer durch Jahrzehnte von Krieg und Umsturz erschütterten Welt zu einem verzweiflungsvollen Appell, der die Realität oft nicht erreichen kann. Die Western Civilization bröckelte und damit jedes Vertrauen, wenn britische oder amerikanische Soldaten mit den Totenköpfen der Feinde Fußball spielten oder entwürdigende Folterungen inszenierten. Das Gesicht von Freedom and democracy verzerrt sich dann zur hässlichen Fratze. Die beidseitigen Zerr- und Hassbilder brechen auf. Die Ordnung, die gestiftet werden soll, ist nicht die der anderen Seite. Ein oktroyierter Friede, der die Hindernisse und damit auch die reale Destruktivität ignoriert, zerbricht immer wieder an sich selbst. Seine Zielsetzung verkennt die Polyphonie und eben das, was Heraklit die Harmonie inmitten des Streites nennt. Nur wenn sie präsent bleibt, kann man sich im anderen erkennen. Friede verlangt mithin eine Hermeneutik der Versöhnung, die nicht sogleich vergeben und verzeihen muss, die aber bereit ist, Helligkeit im Anderen, Dunkel in sich selbst zu sehen und im Extremfall des Freund- Feind- und des Täter-Opfer-Verhältnisses den Anderen als Anderen anzuerkennen. Dies setzt Differenzierungsvermögen und Bewusstseinshöhe voraus. Mit dem Diktator und seiner Entourage sollte nicht das ganze Volk verworfen und gedemütigt werden; auch wenn weite Teile eines solchen Volkes verführbar waren und sich opportunistisch verhalten hatten. Klug und human haben dies die amerikanischen Siegermächte nach 1945 demonstriert. Die postkoloniale Welt im frühen 20. Jahrhundert wird jedes Relikt einer Unterscheidung zwischen der zivilisierten Völkerfamilie und den zu unterwerfenden Wilden preisgeben müssen. Auch dies scheint sich keineswegs von selbst zu verstehen.

Auch die Erwartung, dass die Pazifizierung mit der zunehmenden *‚Erziehung des Menschengeschlechts', dem linear progredierenden ‚Projekt Aufklärung'* sich durchsetzen werde, ist nicht eingetroffen. Es ist möglich, dass sich Hass aus mangelnder Kenntnis entwickelt. Es ist auch möglich, dass ideologische „Apperzeptionsverweigerungen" (Heimito von Doderer) mechanisch abgerufen werden, auch wenn man es besser wissen könnte. Mit zunehmender Intelligibilität werden unter Umständen auch die Verstellungskünste und die Illusionierungen und Intrigen des Krieges zunehmen, nicht aber die wirkliche Friedensfähigkeit. Auch deshalb war Sigmund Freuds Votum eine tiefreichende narzisstische Kränkung.

Von der Art Differenzen ausblendender Vernunftsublimierung ist auch die maßgeblich von Hans Küng entwickelte Konzeption eines Weltfriedens der Weltreligionen. Küng sieht ganz zu Recht, dass Religionen, wenn auch oft unter einem vorgeschobenen politischen Deckmantel, an den Weltkonflikten beteiligt sind. Und er erkennt ebenfalls zu Recht, dass in allen Religionstraditionen die Goldene Regel, sei es in ihrer bekannteren negativen, oder sei es in einer positiven Version vorkommt. Sie lässt sich nach Küng auf eine Operationalisierung der Menschenwürde und Menschenrechte-Formel spezifizieren: „Jeder Mensch muss menschlich behandelt werden". Daraus resultiert das Weltethos in Verbindung mit einem ethischen Grundkodex in den Religionen: „Du sollst nicht töten", oder positiv: „Ehrfurcht vor dem Leben!"; Du sollst nicht stehlen", oder positiv: „Handle gerecht und fair"; „Du sollst nicht lügen", oder positiv: „Rede und handle wahrhaftig", „Du sollst nicht Unzucht treiben", oder positiv: „Liebt und achtet einander". In diesem Zusammenhang ist bei Küng von der „Weisung" der jeweiligen *Religionstraditionen* die Rede, der drei Stromsysteme von Weltreligionen, wie Küng sie klassifiziert: des europäisch-orientalischen Stroms mit Judentum, Christentum und Islam im Fokus, des asiatischen Stroms, mit Hinduismus und Buddhismus und schließlich des chinesischen Stromsystems. Ein Außenblick auf die eigene Religion, und damit eine Art von Selbstsäkularisierung, muß offensichtlich vorausgehen, um die eigene Gewissens- und Gedankenbindung im Sinn der Goldenen Regel universal verstehen zu können. Dies bedeutet, dass die ‚Religion der Vernunft', dieses Aufklärungsprojekt, als Interpret der konkreten Religionswelten bereits vorausgesetzt wird. Das ist möglich, aber alles andere als selbstverständlich. Die göttliche Person oder Energie, die diese Weisungen sanktioniert, wird ebenso verschwiegen wie die Perzeption der Andersheit, über die man zu jener Selbstgleichheit gelangt.

Wollte man die Suche nach dem Religionsfrieden auf diese Dimensionen hin öffnen, so wäre damit eine Transformation der Wahrnehmungen nicht auf einen kleinsten gemeinsamen Nenner, sondern auf ein umfassenderes Maximum verbunden. Das aber macht das Tiefengespräch von Religionen aus. Ich will und darf damit keineswegs ein Verdikt über Küngs Versuch aussprechen. Man muss sich aber bewusst sein, dass es ein idealisiertes Not- und Aushilfs-Programm bleibt. Insofern zielen die kritischen Bemerkungen von Robert Spaemann in sein Zentrum: Wo es um Religion geht, gehe es auch um Wahrheit. Und an diesem neuralgischen Punkt brächen auch Differenzen auf. Das neuzeitliche Programm, nicht über Religionsdifferenzen zu sprechen, könnte also in höherem Maß friedenssichernd sein, als die Ambitionen von Küng.

Es gibt Modelle eines tiefergehenden Religionsfriedens, wie ihn insbesondere Nicolaus Cusanus in seiner Schrift ‚De pace fidei' 1453 artikuliert hat. Gott trauert im himmlischen Jerusalem über den ewigen Zwist derjenigen, die sich als seine Diener und Knechte zu verstehen geben. Deshalb beruft er am überhimmlischen Ort ein Konzil ein, das die Vertreter der verschiedensten Religionen zusammenruft, die damals irgend bekannt waren. Sie verdeutlichen einander gegenseitig die tiefsten Quellen und Orientierungen ihres Glaubens. Doch sie können dabei nicht in ein wechselseitiges Zwiegespräch eintreten. Sie müssten sich dann verfehlen und missverstehen. Daher dolmetscht ‚der Logos', in dem man Jesus Christus erkennen kann, zwischen ihnen. Seine Reichweite überschreitet indessen erkennbar den Horizont der bestehenden Glaubensgemeinschaften. Sie lernen so zu erkennen, dass der Geist der

Glaubensweisen über den Buchstaben hinausführt. Jede Religionsgemeinschaft soll zunächst den Glutkern freilegen, der sie bestimmt. Die heiligen Bücher werden erst später herangezogen. Dann erkennen sie auch, dass Übereinstimmung in den Riten und im Wortlaut noch längst nicht Übereinstimmung im Geist ist. Nicht anders verhält es sich mit Trennungen.

Ist die Vision auf einen solchen *„Großen Frieden"* aber nicht allzu groß, nicht von Hybris durchzogen? Am erfolgreichsten scheinen bisher konkrete Friedensschlüsse, die im Wissen, was dies bedeutet, einen *Status quo* anerkannten. Die Präzedenzfälle, die man anführen kann, taten dies durch Verzicht auf Gebietsansprüche, die Anerkenntnis der Unverletzlichkeit von Grenzverläufen. Man denkt an Willy Brandts Ostpolitik, die binnen weniger Jahre Deutschlands Positionierung zu Mitteleuropa veränderte. Die Zielperspektive war völkerrechtliche Anerkenntnis. Wie Brandts Warschauer Kniefall zeigte, kann es aber nicht bei der kühlen Verrechtlichung bleiben. Der ethische Impetus gab der Zielsetzung erst unerwartete Glaubwürdigkeit.

Das Beispiel zeigt zugleich eindrücklich: Friede ist nicht zu funktionalisieren. Man verkennt die Offenheit der ‚concordia discors' der Geschichte, aber wohl auch seine Wertigkeiten, wenn man Brandts Ostpolitik als eine Taktik auf dem Weg zur Wiedergewinnung der deutschen Einheit versteht.

Zum Gelingen dieses Experimentes trugen auch persönliche und biographische Spezifitäten bei. Einem Emigranten konnten Polen und Russen mehr vertrauen als einem Deutschen der gleichen Generation, der in NS-

Deutschland geblieben war. Zugleich hatte er größte Schwierigkeiten, die Wendung im eigenen Land durchzusetzen. Gerade umgekehrt ging es israelischen Politikern wie Jitzchak Rabin und Ariel Scharon. Sie konnten als Falken den Friedensschluss im eigenen Land realisieren. Adenauer und de Gaulle konnten sich ein knappes Jahrzehnt früher als gealterte Söhne eines Zeitalters begegnen, in dem die Erbfeindschaft ‚unvordenklich' gewesen war.

Friedensschlüsse dieser Art sind von besonderer Bedeutung. Ihnen haftet immer Fragmentarisches an. Der Makel, dass Brandt mit kommunistischen Regierungen verhandelt hatte, die die Rechtssicherheit im eigenen Land nicht wahrten, und nach Kants Rubrizierung unter die ‚Despotismen' gefallen wären, bestand. Doch anders war jener Friede nicht zu haben. Da Geschichte offen ist, concordia discors, muss ethische und normative Dauerhaftigkeit in fragilen Situationen realisiert werden. Dies bedeutet auch, das Kontingente und Schmerzliche anzuerkennen: wohlweislich wurde auf einen endgültigen Friedensvertrag verzichtet.

Solche Friedensschlüsse sind das äußerste, das die Geschichte bislang an ‚Ewigem Frieden' konstatieren lässt. Sie sind im Provisorium auf Dauer errichtet, sie etablieren Rechtssicherheit vor dem Kern wechselseitiger Anerkenntnis. Sie sind Unterpfand und Fragment auf einen *Großen Frieden*, aber selbst nicht allzu selbstverständlich zu nehmen. Mit Willy Brandts späten Worten: Nichts kommt von selbst und wenig hat Bestand. Es ist aber offensichtlich, dass man heute noch einmal einen Schritt weiter gehen und jenen *Großen Frieden* in den Blick nehmen muss.

II.
Dies ist ernüchternd. Weltgeschichte war weitgehend Kriegsgeschichte. Davon sprechen die Schulbücher früherer Generationen. Nur in den Luftreichen des Geistes und in den großen Bildern der Religion kam die Menschheit darüber hinaus. Friedrich Nietzsche hat eine große und folgenreiche Zäsur festgehalten, wenn er als ‚Wahrsage-Vogel' davon sprach, die Kriege des 20. Jahrhunderts würden nicht mehr um Territorien, sondern um Ideen geführt. Das dynastische Prinzip der Neuzeit hatte begrenzte Kriegsziele definiert. Eine übergeordnete Größe bildete das Gleichgewicht, das durch keinen Hegemon ausser Kraft gesetzt werden durfte. Territorialgewinn und die enger- oder weitermaschige Arrondierung der Bevölkerung waren Momente in jenem pentarchischen System. Preußen spielte darin zugegebenermaßen die Rolle eines Fremdkörpers. Es musste auf Erweiterung aus sein. Zugleich fürchtete es jederzeit seine „destruction totale". Mit den fünf Kugeln der alten Gleichgewichtsordnung hatte Bismarck noch zu spielen gewusst. Die Einung der Territorien zum Nationalstaat suchte er durch sein subtiles Vertragswerk zu stabilisieren. Seine Alpträume sind sprichwörtlich.

Die neuzeitliche Ordnung war europäisch. Die restliche Welt war bis in das Zeitalter der Flottenpolitik und der Kolonisierungen allenfalls Projektionsfläche. Diplomatie und Strategie, Staatskunst und Kriegshandwerk, sollten ineinander greifen. Die Akten und Dokumente zeigen bis zum Wiener Kongress ein faszinierendes Spiel mit dem Ehrenkodex gleichberechtigter Adelskreise. Der Kabinettskrieg wurde nach dem Modell des Duells erklärt. Kompensation durch Verkäufe war nicht ungewöhnlich.

Napoleon brachte diese Ordnungen aus dem Lot. Er sprengte das dynastische Prinzip. Ein Weltmonarch destruierte diese Ordnung, der zugleich als Testamentsvollstrecker der ‚levée en masse' der Französischen Revolution wahrgenommen wurde. Das nationale Motiv und das Freiheitsmotiv waren künftig die Gärung, die als Ferment dem 19. Jahrhundert Triebkraft gab, auch wenn vordergründig mit dem Wiener Kongress die alteuropäische Ordnung wiederhergestellt war: A World restored, ins Deutsche übertragen etwa: Wiederherstellung einer alten Welt, so brachte Henry Kissinger dies auf den Begriff.

Christopher Clark hat jüngst gezeigt, wie diffus die Interessenlagen am Vorabend des Ersten Weltkriegs waren. Wie Schlafwandler bewegten sich die großen Mächte in einem erstarrten Bündnissystem auf den ‚Sprung ins Dunkle' zu.

Vom Weltbürgerkrieg der Ideologien ist in mehrfacher Hinsicht zu sprechen: die faschistischen Aggressionen galten zunächst einer Weltpolitik, die durch den Völkerbund erste Elemente eines Ausgleichs erkennen ließ. Das Wilsonsche Programm ‚to make world safe for democracy" war dem nationalistischen Drängen nicht gewachsen. So stand eine sich pazifizierende freie Welt gegen den erbitterten Aufguss des nationalen Zeitalters. Zugleich stand seit 1917 die bolschewistische Sowjetunion gegen die Vereinigten Staaten, die ihre Isolierung aufgaben und in den Krieg eintraten: ein ideologisches Paradigma zeichnete sich ab, das die Welt in der Zeit des nuklearen Patt prägen sollte. Schließlich konnte es nicht ausbleiben, dass die Vertreter der Klassengesellschaft gegen die NS-Rassenideologie standen. Hitlers einsam gefasste Kriegserklärung gegen Stalin war wie kaum etwas anderes durch die Lebensraumphantasien begründet.

Der ideologische „High noon" ist unverzichtbar, wenn man das gewandelte Antlitz des Krieges verstehen möchte. Dennoch kamen auch ältere geostrategische Verwerfungen wieder zum Tragen: Hitler konnte die bürgerlich-abendländische Aversion gegenüber den Barbaren aus dem Osten aktivieren, den Hunnen, gegen die das Bollwerk Europa zu verteidigen sei. So wie für Napoleon war auch für ihn die riesige Landmasse uneinnehmbar, und so verschlang das riesige Reich die Invasoren.

Ideologien bleiben bis heute motivierende und kriegsauslösende Faktoren. Dies zeigt sich an der Schnittstelle zwischen der neoislamischen Welt einerseits und der ‚western civilization' andererseits. Es zeigt sich aber auch, wenn man das rätselhafte, autokratisch stabilisierte Russland unter Putin in seinem höchst spannungsbehafteten Verhältnis zur westlichen Welt analysiert. Es sind nicht mehr so sehr Endzeit-Utopien und Politische Religionen, die dabei das Feld bestimmen, es ist vielmehr das Pro und das Contra zu der westlichen Globallösung, die Fukuyama als alternativlose Aussicht charakterisiert hatte. Nichts aber ist in den offenen Verlaufsformen der Geschichte ohne Alternative. Dabei bedienen sich die Reaktionsformen auf die Moderne, die selbst in hohem Maße modern sind, der Technologien des 21. Jahrhunderts, ihrer Finanz- und Warenströme, um gegen sie das ganze Spektrum der ‚Low intensity wars' ins Feld zu führen. Auch hier zeigt sich, dass das neue Paradigma die Vordergrundansicht beschreibt, aber keineswegs alleserklärend ist. Im Hintergrund bleiben Verwerfungen akut wie tribale Konflikte, dadurch erzwungene Aussiedlungen und Flüchtlingstrecks, die aber plötzlich zu Weltproblemen werden.

ACHTES KAPITEL: DER GROSSE FRIEDE – EINE RICHTUNG

I.
Es ist ähnlich wie in Dantes ‚Göttlicher Komödie': Auf das ‚Paradiso' wird nicht so viel Spannung gelegt wie auf die Schilderung der Hölle und des Purgatorium-Berges. In kristallinischer Klarheit eröffnen sich die paradiesischen Sphären. Doch die spannenden Figuren finden sich im Umkreis des Fegefeuers.

Dass nicht der Krieg, sondern der Friede der Ernstfall sei, war ein pointiertes Wort des einstigen Bundespräsidenten Gustav Heinemann. Es könnte in der gegenwärtigen Weltlage erneut eine unerwartete und hohe Relevanz zeigen.

Als der Eiserne Vorhang aufging, veränderte sich zugleich in dramatischer Weise die Zentralperspektive. Sie war nicht länger auf Europa bezogen. Auch das organisierende Prinzip verschob sich. Es wurde nicht länger vom Nationalstaat markiert. Es begann der ‚Aufstieg der Anderen', in einem Zeitalter, das erstmals die Zeit und Raum tilgende Technologie für eine globalisierte Epoche hatte. Was wäre da noch Zentrum und was Peripherie? Sicherheit ist längst nicht mehr auf Nationen zu begrenzen. Deshalb wäre es ein Anachronismus, Krieg und Frieden im nationalen Rahmen zu definieren. Kulturelle Räume gewinnen an Bedeutung. Doch die Eine Menschheit der globalen Welt bringt auch diese Fixierungen zum Tanzen. Unverkennbar, und ob man es mag oder nicht, haben sich Vernetzung und Verflechtung an die Stelle von spezifischen Traditionen gesetzt. Dies ist noch nicht als Bildungsprogramm und -projekt begriffen worden. Es ist zunächst naive Realität. Die unleugbare Chance besteht indes darin, Vergangenes und Gewesenes jederzeit zur Gegenwart werden zu lassen. Prägnantes Symbol ist die Kugel, in der alle Örter eine gleiche Abmessung zum Zentrum erkennen lassen. Peter Sloterdijk, der in seiner Sphärologie die Kugel-Symbolik zu einem großen Sinnbild entwickelt hat, spricht treffend vom ‚Weltinnenraum' der globalen Welt. Es gibt keinen Punkt der Weltkugel, der sich davon absentieren könnte.

Man erinnert sich, dass für Kant die Kugelgestalt der Erde die Garantin für den ‚ewigen Frieden' war. Die ‚natura daedala rerum' bewirke zudem, dass jeder Mensch auf der ganzen Erde leben könne, was die Nötigung impliziere, politische Garantien zu etablieren, in denen eine solche Koexistenz de facto möglich sei: Kosmopolitismus als wechselseitiges Gast- und Besuchsrecht und die Entwicklung zu einem Republikanismus. Die Menschheit „in meiner und jedes anderen Person", ihre kulturellen Differenzen eingeschlossen, hat in der vernetzten ökonomischen One World ihr sprechendes Symbol gefunden. Die Differenz- und Trennlinien, die dazwischen verlaufen, kann man sich wie Risse in der

Kugel, Schründe auf der geschlossenen Oberfläche vorstellen, die, ehe man es sich versieht, tektonische Beben auslösen können.

Die Akzeleration zwingt sich auch Wissensbeständen auf. Sie unterliegen schneller Revision, die gerade dann dramatische Züge annimmt, wenn sich der Begriffsrahmen selbst verschiebt.

II.

Die neuen Kommunikationswege und -geschwindigkeiten sprechen dafür, dass der *Große Friede* nichtutopisch real werden kann. Sie machen ihn aber auch drängender. Dazu wird es unabdingbar sein, nach den Bewusstseinskonstanten zu suchen, die einen solchen Frieden gewinnen lassen. Sie werden nicht reduktiv verengend sein dürfen, nicht den eigenen Kulturraum und dessen jeweilige Konstruktionen verabsolutieren, aber auch nicht in eine Relativität, ein bangloses Nebeneinander führen.

Die Selbstbezeichnung der Epoche als ‚postmodern' ist verblasst und das aus gutem Grund. ‚Postmoderne'-Konzepte stehen der Vision vom ‚Ende der Geschichte' nahe. Die Postmoderne kennt keine großen Erzählungen mehr, sondern nur die Kombinatorik der Bestände. Mit ihnen zu rechnen, sei das Fazit der ernüchterten Generation, die aus den Kriegen der Klassen und Rassen aufgetaucht sind. In diesem Fazit einer Verhaltenslehre der Kälte waren sich die Antipoden Bertolt Brecht und Gottfried Benn einig. Wenn die Geschichte enden würde, würde in Kunst, Wissenschaft, Kultur mit jener postmodernen Kältekristallisation weiter zu operieren sein. Die beleuchteten Fenster würden immer schmaler, die Ausschnitte immer knapper. Vordergründig scheint es so zu sein.

Doch offensichtlich ist der globalisierte Kugeltanz der gegenwärtigen Welt von einer anderen Art. Es deutet sich mithin eine ‚*Hyper-*' oder wenn man will, ‚*Supramoderne*' an, die an den Quellpunkt der Traditionen zurückgeht, sie im neuen Licht er-innert und aus ihnen einen Welt verwandelnden Blickpunkt gewinnt. Diese Verwandlung zeitigt sich in gleicher Weise in der Kunst, wobei der Lebens-Kunst, den Verleiblichungen, eine fundamentale Bedeutung zukommt. Der *Große Friede* kehrt nicht zurück in enge territoriale, kulturalistische oder persönliche Selbstbehauptung. Er weitet sich und nimmt die Bedrohungen und Destruktionen in sich auf. Wenn man als seine Entsprechung einen Bewusstseinszustand verstehen will, so ist es das Bewusstsein eines ‚ICH', das sich selbst kosmisch empfindet, das sich mit Husserl als den Großen Strom weiß, in dem sich die Welt selbst realisiert.

Nietzsche benennt eine Conditio sine qua non dieses *Großen Friedens* sehr treffend; er sei Gegenbild zum Geist der Rache, dem Revisionsbedürfnis, das nicht zu sagen vermag: Wie es auch sei, es ist gut.

Für die Weltkulturen bedeutet dies, dass nicht mehr Osten und Westen gesondert sind, sondern dass sich ein Intermedium zwischen ihnen bildet, jenes sich übersetzende hermetische Tiefengespräch, das der Philosoph Heinrich Rombach schon vor Jahrzehnten in den Blick nahm. Ebenso wie der Bewusstseinsforscher

Jean Gebser, der in seiner ‚Asienfibel' von der *„Großen Begegung"* sprach. Dieses Tiefengespräch bedeutet, dass sich Kulturwelten gerade nicht in einem kleinsten gemeinsamen Nenner finden, sondern dass sie sich dort füreinander aufschließen, wo sie ganz zu sich kommen. Dies erfordert, wie ich es mit Reza Yousefi, zusammen genannt habe, eine ‚Selbstarchäologie' der eigenen Identitäten, die keineswegs erratische Blöcke sind und nicht Flug disparater Atome, sondern ein Großes Gespräch aus religiösen, emanzipatorischen, kritischen und die Kritik selbst bezweifelnden Gedankensträngen.

Wenn man, wieder einmal, ein ‚Neues Zeitalter' beschwört, kann man in den Verdacht geraten, mit der Esoterik des New Age verwechselt zu werden. Mir ist hier an einer Unterscheidung gelegen, die sich unhintergehbar der jüdischen, christlichen und der griechischen Tradition Europas verdankt, die aber auch, wenn man sich näher auf sie einlässt, in yogischen Überlieferungen Resonanz findet: gemeint ist die Nicht-Indifferenz, die Beachtung der Differenz und des Schmerzes, die nicht übersprungen und in eine übergreifende diffuse Einheit aufgelöst werden darf. In der griechischen Philosophie ist die Einzelheit als ‚to de ti': das Einzelding als erste Substanz präsent. In der jüdischen Überlieferung zeigt sie sich vielmehr als der überlebende Einzelne, an dem Jahwe seinen Bund verherrlicht und den er nicht aufkündigt. Die Nicht-Indifferenz, von der Emmanuel Lévinas im Zusammenhang seiner Philosophie der verletzlichen Ich-Du-Beziehung spricht.

Kaum ein ost-westlicher Denker hat den Zusammenhang von Einheit und Differenz, und damit die Grundmatrix von Krieg und Frieden, so eindringlich bedacht wie Sri Aurobindo, der das Personsein mit größtem Nachdruck sowohl in seine Konzeption des Integralen Yoga als auch in seinen Gottesbegriff einbezogen hat. Sri Aurobindo hat betont, Gott sei „ein Wesen und nicht ein abstraktes Sein oder eine Zuständlichkeit reiner und zeitloser Unendlichkeit. Die ursprüngliche und universale Existenz ist ‚Er', Gott ist die Person über allen Personen, das Heim und das Vaterland aller Seelen". Aurobindo lehrt dabei auch, dass die individuelle Entfaltung des Ich, das die Parteiungen, die gegeneinander zu stehen versuchen, als Aspekte in sich vereinigt, nicht begrenzt werden soll. Die wirkliche Gefahr, bemerkt er, „ist vielmehr ständig die, dass der übersteigerte Druck der sozialen Masse und ihres schweren, unerleuchteten, bloß mechanischen Gewichtes die freie Entwicklung des individuellen Geistes unterdrückt oder entmutigt. Denn der Mensch als Individuum kann leichter erleuchtet und bewusst gemacht werden. Aber der Mensch in der Masse ist immer noch in einem verborgenen Dunkel, halb bewusst nur, von allgemeinen Kräften beherrscht, die sich seiner Beherrschung und Kenntnis entziehen."

Beim Versuch, auf einen höheren Bewusstseinszustand und damit auf den *Großen Frieden* vorzustoßen, wird der Übende Mensch der Supramoderne auf die Kontingenz konfliktträchtiger Geschichte treffen. Man wird kaum ein umfassendes Gleichgewicht der äußeren Parameter voraussetzen dürfen. Umso wichtiger ist die Kultivierung eines inneren Friedens, der mitten in den Handlungsnotwendigkeiten und -aporien Abstand zu nehmen vermag. Der Topos des ‚nishkama karman' in der ‚Gita' entfaltet hier sein Bedeutungspotential. Es ist der Gott Krishna selbst, der als dessen Wagenlenker, dem Prinzen

Arjuna alle Furcht nimmt, die Schlacht zu schlagen. Der Prinz neigt, mit Max Webers Kategorien gesprochen, zur gesinnungsethischen Abstinenz. Er fürchtet die Schuld und Sünde (papa), deren er sich im Krieg schuldig machen könnte. Am schwersten lastet die Furcht vor Verwandten- oder Lehrermord auf ihm. Krishna gibt ihm zu verstehen, dass er mit der Maxime: „Ich werde nicht kämpfen!", seine eigenste Pflicht zu verletzen droht. Nishkama karman" bedeutet nichts anderes als „Die Fessel der Tat" abzuwerfen, nicht nach ihren Folgen und deren Revidierbarkeit zu fragen und damit, Glück und Unglück, Gutes und Übel letztlich ‚gleichviel' zu achten. Man könnte, bei allen gravierenden Unterschieden, in der christlichen Mystik dem ‚wirken sunder warumbe', das real die Gottebenbildlichkeit realisiert, eine Analogie finden. Man fände sie auch im höchsten Grad des ICH als eines „Ebenbildes des Absoluten" und als ‚reines Leben' in Fichtes späten Wissenschaftslehren – und Vorklänge darauf ließen sich schließlich im Oikeiosis-Gedanken der Stoa erkennen: Einem Heimischsein im eigenen Selbst. Hier ist jeweils eine Freiheit impliziert, die auch in den Kämpfen und Auseinandersetzungen den Knoten löst und zum übergreifenden Frieden findet.

III.
Es ist keineswegs ein Zufall, dass Sri Aurobindo, der Denker, der den ost-westlichen Gegensatz wie kein zweiter überwunden und die Denkstränge verschränkt hat, das Arkanum von Krieg und Frieden mit Heraklit in den Blick bringt. Heraklit habe, so schaut Aurobindo die Linien zusammen, den Aspekt des Bewusstseins und der Macht, des Logos und des Polemos zusammengeführt.

Krieg erweist sich dann als „Zusammenprall von Energien", Vernunft tritt aus diesem Widerstreit hervor und zeigt sich als „eine gewisse Gerechtigkeit, eine gewisse Harmonie, eine gewisse begrenzende Intelligenz". Die absolute Determination der Dinge verweist ihrerseits auf den Logos. Dennoch legt sich dann das Schibboleth nahe, dass „alle idealen Hoffnungen und Strebungen .... keine Grundlage in der Wahrheit der Dinge" haben. Heraklit übersehe indes ein ganz wesentliches Moment des Selbst und des Brahman, des Geistes: die göttliche Liebe und Freude, eine umfassende Wonne. Man könnte auch von einem ‚Gipfel der Betrachtung' – im Sinn von Cusanus' ‚apex theoriae' sprechen, von dem aus gesehen, die Gegensätze geeint sind. Das Heraklitische Gegensatzverhältnis bleibt auf ein fließendes Gleichgewicht und auf einen umfassenden Austausch bezogen. Doch – und hier markiert Aurobindo den wesentlichen Differenzpunkt – „vom Austausch können wir uns zur höchstmöglichen Idee der gegenseitigen Auswechslung erheben, zu einer wechselseitigen Abhängigkeit in Selbsthingabe, dem verborgenen Geheimnis des Lebens". Jeder, der den Kern des christlichen Kerygmas, den „wunderlichen Wechsel" zwischen Gottheit und Menschheit im Mensch gewordenen Gott ahnt, erkennt diese Einung hier wieder. In Sanskrit steht dafür das Wort ‚ananda': Ausdruck einer letzten Seligkeit des ‚befreiten Menschen' (Paramhansa), der in seinem Inneren ‚spielendes Kind' ist: ‚bālavat', das Heraklit allerdings in seiner unerhörten Leichtigkeit des Seins geahnt und als ‚pais paizon' evoziert hat.

Sri Aurobindo hat nicht nur Heraklit im Blick, sondern auch seinen späten Verwandten Friedrich Nietzsche. Was

Nietzsche unter ‚Großer Politik' verstanden hat, hätte sich wohl auf diesen Grad der Klarheit hinbewegen können, wenn sich nicht Antagonismen dazwischen geschoben hätten, die jene Klarheit des Blicks verhinderten.

Diese höhere Ekstasis übergreift als Liebe den großen Streit. Und es ist derselbe Übergang, den Hölderlin meint, wenn er evoziert: „...seit ein Gespräch wir sind", – was nichts anderes wäre als ‚Friede im Streit', die balancierte Antithetik, auf die aber folgen müsse: „einst aber sind Gesang wir": Ananda. Dies verlangt eine Dimensionierung des Geistigen, die über die Cartesianische Scheidung von bewusstem Leben und unbewusster Dingwelt weit hinausgeht. Aurobindo hat eine yogisch erfahrene Theorie des Geistes formuliert, die zum hintergründig Psychischen hindurchstößt, mehr noch: die die Wendung zu ihm und dem ihm urbildlich unterliegenden Göttlichen vollzieht. Aurobindo beschreibt dies faszinierend in seiner Konzeption des Geistes, die sich in den originär westlichen Traditionen am ehesten mit Hegel oder Fichte vergleichen lassen kann. Freilich mit dem gravierenden Unterschied, dass den idealistischen Systemen die yogische Lebensform abgeht. Sie erst führt zu einer umfassenden Wahrnehmung in dem neuen Licht des Geistes. „Das psychische Wesen und seine Liebe ... ist hintergründig und in direkter Beziehung mit Gott, darum ist es wahrer Liebe fähig. Psychische Liebe verlangt nicht, hat keine Vorbehalte. Mit ihrem eigenen Existieren ist sie zufrieden". Und in diesem Existieren erfasst es in umfassender Weise alles Seiende. Auch die yogische Praxis verändert sich damit. Sie ist zuvor ein Kampf, wandelt sich aber nun zu einer „prinzipiell glatten

Haltung: Harmonisierung, Frieden, Stille und Ruhe". Dieses Friedensregime – und das unterscheidet es von allen nur deontischen Versuchen der Friedensstiftung und aller Insistenz auf dem ‚kleinen Frieden', – blendet nicht aus, es reduziert nicht. „Wichtig ist, dass du hältst, was du hast, und es wachsen lässt, dass du ständig in deinem psychischen Wesen lebst, deinem wahren Sinn".

Friede ist damit, was er am Beginn, der Heraklitischen Friedenslehre war, zuerst kosmisches und dann auch reales ethisches und politisches Geschehen. Sie blendet nicht aus, sondern stimmt auch Leiblichkeit und Affektivität in den Gesang des *Großen Friedens* ein. Dies hat Aurobindo meisterhaft und in wenigen Worten formuliert: „Eine Führung, eine Herrschaft von innen her beginnt. Jede einzelne Bewegung setzt sie dem Licht der Wahrheit aus. Sie weist zurück, was falsch, dunkel, was der Realisation Gottes feindlich ist. Jede Region des Wesens, jeder Winkel und jede Ecke, jede Bewegung, Formation, Zielung, Denkrichtung, alles: Wille, Gefühl, Wahrnehmen, Handeln, Reagieren, Motiv, Einstellung, Vorhaben ... selbst das völlig Verborgene, Versteckte, Stumme, Abseitige wird von dem unfehlbaren psychischen Licht erhellt". Daraus ergibt sich in der Tat, wie der Biograph Otto Wolff gewusst hat, eine ‚Katholizität' der Blickpunkte, die auch das Nihil negativum der Krieg treibenden und zerstörenden Macht in sich einbezieht, der Negativwertigkeit der Schwarzen Kali: „Das Overmind-Bewusstsein ist demgegenüber [sc. gegenüber einem partialisierenden und regionalisiernden Bewusstsein] in seiner Erkenntnishaltung global. Es vermag jede beliebige Anzahl von scheinbar fundamentalen Unterschiedlichkeiten in seiner versöhnenden Schau zusammenzuhalten".

Jenen erleuchteten Zustand hat Sri Aurobindo zunächst als ‚Overmind' begriffen. Der Overmind muss in einer Ahnung zunächst im Blick sein. Doch es gibt keinen Plan, nach dem seine Realisierung zu inszenieren ist. Er ist einerseits jäher Durchbruch, andererseits eine Herabkunft, ja Einbruch. In ihm wird das Differente eins. Jene Grundhaltung kann gehalten werden; der äußerste Durchbruch zur höchsten Realität des Supramentalen selbst, des ‚Absoluten Geistes' bleibt hingegen unverfügbar. Aurobindo betonte stets, dass sie nur in wenigen Einzelnen, Seltenen zum Durchbruch gelange. Dieser Friedens-Bewusstseins-Zustand, der nichts ausblendet, hält sich zwar dezidiert absent gerade von allen konkreten politischen Zielsetzungen und Machtspielen. Er ist in seinem Wahrheits-, Wirklichkeits- und Einheits-Erkennen ausnahmslos, allumfassend, aber frei von allem Fanatismus und aller Intoleranz, frei auch von der Ungeduld, die die vollkommene Realisierung zu einem möglichst frühen Zeitpunkt erwartet. Daher konnte Aurobindo im Hinblick auf die sogenannte ‚Realpolitik' für die Außenwelt zwar entschieden sein „No politics!" festhalten. Er blieb aber ein überaus aufmerksamer politischer Beobachter, und auch nach seiner aktiven politischen Phase ein geheimer Akteur auf den okkulten Ebenen. Seine brillante Analytik zeigte sich im Ersten Weltkrieg, als er mit einer Klarsichtigkeit, die keinem westlichen politischen Theoretiker eigen war, die Voraussetzungen eines ‚Zeitalters des Ausgleichs' umschrieb. Ein erfolgreicher Völkerbund dürfe nicht abstrakt idealisierend gedacht werden. Er müsse vielmehr „alle vorhandenen Völker der Menschheit in sich aufnehmen; denn jedes Übergehen einer Nation, jeder größere Ausschluss wird nahezu unweigerlich zu einem

Element künftiger Gefahr, möglicher Misshelligkeiten und Konflikte führen". Dies bedeutet auch, dass die berechtigten begrenzten Zielsetzungen, das Weltdesign nach den nationalen Vorstellungen, dekliniert werden müssen. Sri Aurobindo hat diese politische Diagnosefähigkeit und Einflussnahme noch einmal eindrücklich unter Beweis gestellt, als er die un- und anti-geistige schwarz-okkulte Macht des NS-Totalitarismus enthüllte und bekämpfte.

Eine eigene Zwischenreflexion ist es wert, sich zu fragen, auf welcher Ebene Sri Aurobindos Reflexionen fokussiert sind. Sie sind auf einer Ebene, auf der die Grenze zwischen Philosophie, Religion und einer Übungskunst überschritten ist. Dies ist aber nur dadurch möglich, dass die Grenzverläufe zwischen den Bereichen zunächst klar gezogen sind. Religion lässt sich nicht einfach, wie Peter Sloterdijk meint, in Übungspraxis auflösen, in die Kunst, die Vertikalspannung zu halten – mit der Erwartung, sie so neutralisieren und zumindest den Herd der religiösen Kriege und Konflikte ausschließen zu können. Ihr eignet eine objektive Bindekraft und die Manifestation der Jenseitigkeit.

CODA: DER GROSSE FRIEDE – KEINE UTOPIE. CHRONOTOPOS (II)

Zweihundert Jahre nachdem sich die Schlacht von Jena und Auerstedt in die Annalen gebrannt hat, einhundert Jahre, nachdem der Erste Weltkrieg als Jahrhundertkatastrophe des 20. Jahrhunderts entfesselt wurde, kann es möglich sein und ist es längst an der Zeit, den Frieden als Ernstfall zu begreifen. Er kann nur Kontur gewinnen, wenn man die Selbstzerstörungsmacht des Menschen, die Torheit der Regierenden, die vererbten Kontingenz-Konstellationen von Zugehörigkeiten und Feindschaften, kurz: das Arsenal und nicht selten auch das Gruselkabinett des Antagonismus von Krieg und Friede erkennt. Dies alles zeigt, dass der Kleine Friede keine Chance hat. Der gezähmte Mensch wird seine Fesseln sprengen. Er wird den Kriegszustand suchen.

Der *Große Friede* ist gleichwohl kein Traum. Er kann konkrete Konturen gewinnen in einer Welt, in der die nationale und auch die europäische Sicht der Vergangenheit angehört, in der Differenzen existieren, die einer tieferen Einung bedürfen, als sie die Ideologien des 20. Jahrhunderts: Sozialismus oder Nationalismus eröffnen können. Jener *Große Friede* fordert in der Tat ein, dass man die Spiegelung von Seele und Polis, wie sie Platon erstmals konstitutiv für die politische Philosophie erdacht hat, beim Wort nimmt. Er realisiert sich daher mit einem Transparent-Werden des Bewusstseins auf die Wirklichkeit, die, hier folge ich noch einmal der exemplarischen Vorzeichnung Sri Aurobindos, über das Parallelogramm von Macht und Wille hinausgeht und den geistigen Kern der Wirklichkeit erfasst. Der Friede, der so gesucht wird und zustande kommt, ist keinesfalls eine Utopie. Sie bleibt doch immer im Rayon des Kein-Ort – Nirgends. Er ist auch keine Idylle. Sie verweist in ein fernes, goldenes Zeitalter zurück, das, je näher man ihm zu kommen versucht, sich in Traumprojektionen früherer Generationen auflöst.

Es ist auch kein Kirchhofsfriede und kein Zustand eines ewigen Kreisens eines Paradieses, das nie mit der Realität befleckt worden ist. Es ist vielmehr ein höchst dynamischer Vorgang, der die mühevollen Gleichgewichtsordnungen, das Gespräch, das nicht abreißen darf, weil sonst geschossen wird, in einen Gesang verwandelt: Eine Symphonie, die nicht auf Hegung durch Bedrohung zielt, sondern auf Weite, die nicht ein illusorisches Bild vom ‚guten Menschen' entwickelt, das Böse aber als Dissonanz einkomponiert. Dieser Zustand ist fragil wie die Liebe. Und esoterisch wie sie. Denn wenn man beide Zustände einmal geschmeckt hat, kann man die Welt nicht mehr anders sehen. Ist dergleichen realisierbar? Es ist Realität, wenn wir den *Großen Frieden* zur Maxime unseres Handelns werden lassen.

Wie dieser Gesang erklingt, will ich nicht ausmalen. Seine Partitur ist auf einem Höhenweg des Geistes, auf dem sich östliche und westliche Traditionen verschlingen, weil sie sich beide erneuern, zu ahnen. Auch der Vorklang ist zu vernehmen: nicht triumphal, fanalhaft wie Ernst Bloch es wollte. Eher ahnend, und mit einer leisen Skepsis, die sich widerlegen lassen möchte. Ingeborg Bachmann sprach von der ‚Tapferkeit vor dem Freund': ist sie nicht Lichtstrahl des veränderten Bewusstseins?

LITERATUR:

R. Aron, *Frieden und Krieg. Eine Theorie der Staatenwelt.* Frankfurt/Main 1962.
Ders., *Clausewitz, Den Krieg denken.* Frankfurt/Main, Berlin, Wien 1980.
Ders., *Die letzten Jahre des Jahrhunderts.* Stuttgart 1986.
J. Burckhardt, *Über das Studium der Geschichte. Weltgeschichtliche Betrachtungen.* Herausgegeben von P. Ganz. München 1982.
Ch. Clark, *Die Schlafwandler. Wie Europa in den Ersten Weltkrieg zog.* München 2013.
C. von Clausewitz, *Vom Kriege.* Reinbek 1960 u.ö.
M. van Creveld, *Die Zukunft des Krieges.* Berlin 1998.
N. Ferguson, *Der Westen und der Rest der Welt. Die Geschichte vom Wettstreit der Kulturen.* Berlin 2011.
Ders., *Krieg der Welt. Was ging schief im 20. Jahrhundert?* Berlin 2006.
A. Glucksmann, *Krieg um den Frieden.* Stuttgart 1996.
G.W.F. Hegel, *Rechtsphilosophie.* Theorie-Werkausgabe Band VII. Frankfurt/Main 1979.
D. Henrich, *Ethik zum nuklearen Frieden.* Frankfurt/Main 1990.
F. Illies, *1913: Der Sommer des Jahrhunderts.* Frankfurt/Main 2012
K. Jaspers, *Die Atombombe und die Zukunft des Menschen.* München 1983.
H. Münkler, *Über den Krieg. Stationen der Kriegsgeschichte im Spiegel ihrer theoretischen Reflexion.* Weilerswist 2003.
Ders., *Die neuen Kriege.* Reinbek bei Hamburg 2002.
Ders., *Der große Krieg. Die Welt 1914-1918.* Berlin 2013.

H. Ottmann, *Geschichte des politischen Denkens.* Stuttgart 2001 ff.

Platon, *Sämtliche Werke.* Griech-Deutsch, 10 Bände. Frankfurt/Main 1992.

Sri Aurobindo, *Heraklit. Krieg und Selbstbestimmung.* Planegg 1992.

Ders*., Complete Works*. CD-ROM- Edition.

H. Seubert, *Polis und Nomos. Untersuchungen zu Platons Rechtslehre.* Berlin 2005.

Ders., *Gesicherte Freiheiten. Politische Philosophie.* Baden-Baden 2014 (i. Erscheinen).

M. Stürmer, *Die Kunst des Gleichgewichts.* Berlin 2001.

Ders., *Welt ohne Weltordnung? Wer wird die Erde erben.* Hamburg 2006.

LITERATURHINWEIS

Harald Seubert:
ÄSTHETIK
14 Vorlesungen zur Ästhetik und Philosophie der Kunst von der Antike bis zur Hypermoderne

Audio-Book (mp3)
Ca. 21 Stunden Audio-Lectures

14 Vorlesungen von jeweils ca. 90 Minuten

Ca. 21 Stunden Audio-Lectures
(mp3 Daten-DVD für DVD-ROM und DVD-Player)

Editorial des Herausgebers;
1. Vorrede, Antike Philosophie;
2. Platon, Aristoteles;
3. Neuplatonismus, Renaissance;
4. Frühromantik, Schiller, Goethe, Schelling;
5. Hölderlin, Subjektphilosophie, Hegel;
6. Nietzsche, Schopenhauer, Wagner;
7. Adorno, Heidegger;
8. Hermeneutische Ästhetik, Gadamer, das Spiel, Danto;
9. Systematische Ästhetik, Philosophie des Ähnlichen;
10. Gastvorlesung von Pravu Mazumdar: Die entfesselte Oberfläche;
11. Ästhetik des Performativen, Degas, Gastvortrag von Andreas Mascha: Zur Ästhetik des Tanzes;
12. Philosophie des Gartens und der Architektur, William Blake;
13. Poetologie, Benn, Celan, Hypermoderne, Supra-Avantgarde, Bâlavat;
14. Literatur, Musik, Bild, Film

ISBN: 978-3-924404-55-0
Audio-Books im VERLAG ANDREAS MASCHA
Weitere Infos unter: www.AndreasMascha.de/Verlag

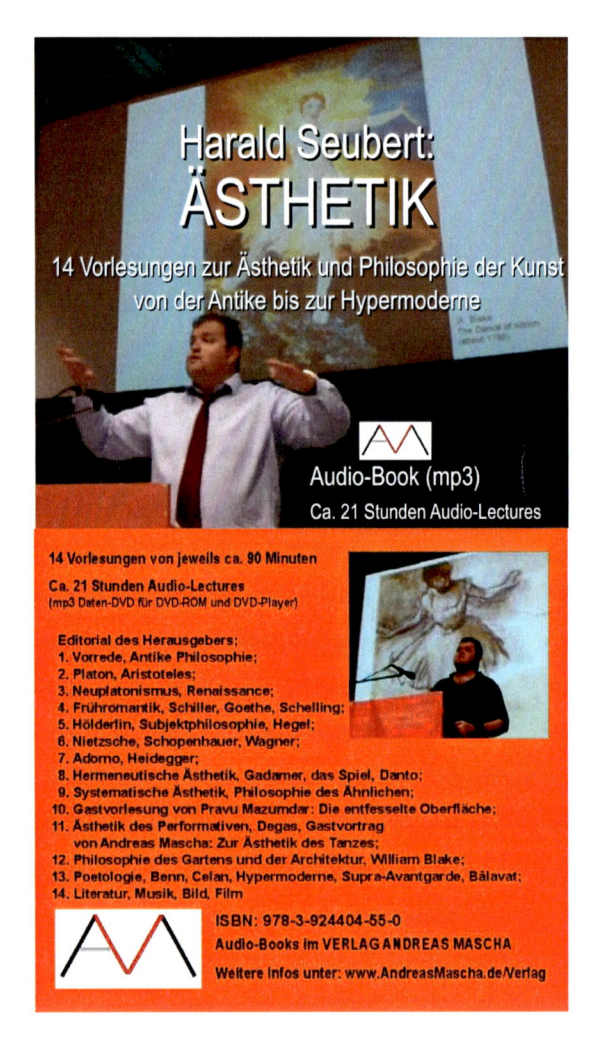

www.AndreasMascha.de/Verlag/Audio-Books.html